Transforming
the Living Legacy of Trauma
A Workbook for Survivors and Therapists

サバイバーとセラピスト
のための
トラウマ
変容ワークブック
トラウマの生ける遺産を変容させる

ジェニーナ・フィッシャー 著
浅井咲子 訳

Janina Fisher

岩崎学術出版社

『サバイバーとセラピストのためのトラウマ変容ワークブック』
への賛辞

ジェニーナ・フィッシャーのすばらしく，そしてやさしく語りかける良書，『サバイバーとセラピストのためのトラウマ変容ワークブック』を読むと，私たち専門家がわずか30年間にどれほど多くを学んだかを思い知らされます。この本は，恐怖，自己嫌悪，見捨てられ恐怖といった耐え難い感情に対して，心身がどのようにかりそめの安心を得るために適応していくかを，見事に説明しています。しかし，このような適応策は時とともに破たんし，最終的には自分自身や他者との充足できる関係を持つことを妨げます。ジェニーナは，トラウマの傷を癒すには，観察と自己発見の新しい習慣を身につけることが重要だと教えてくれています。治療のゴールは，過去を掘り起こすことではなく，トラウマの経験により負った傷を修復することなのです。この本は，すばらしい作品であり，また簡単に実践することができます。すべてのセラピストの道具箱となるでしょう。

──ベッセル・ヴァン・デア・コーク，医学博士
トラウマ研究財団理事長，ボストン大学医学部精神科教授
ニューヨークタイムズのベストセラー『身体はトラウマを記録する』の著者

この優れたワークブックは，物事の本質に迫るジェニーナ・フィッシャーのユニークな才能そのもので，彼女特有の希望に満ちた明快さを読み取ることができます。この本では，複雑な理論が，シンプルで理解しやすく役に立つ概念に変換され，クライアントが自分の症状やその対処を理解し苦しみを和らげるために，効果的な実践ができるよう指導されています。さらに注目すべきは，たとえ重度のトラウマを抱えたサバイバーであっても癒されることは可能であるという確信を持てることです。

──パット・オグデン，博士
『センサリーモーター心理療法──トラウマとアタッチメントへの介入法』，
『センサリーモーター心理療法ポケットガイド』の著者

フィッシャー博士は，トラウマの回復に関する最も重要な概念を，言葉と図の両方で，シンプルかつ洗練された形で，生き生きと表現しています。彼女は，複雑性トラウマに関連したアイデアや情報を，手短に理解しやすい方法で伝えるコツを知っています。いつも読者に希望とかけがえのない実践的な指針を与えてくれるのです。わかりやすい図解，リアルな事例，複雑な概念の明快な説明によって，本書は（トラウマセラピストだけでなく）すべてのセラピストとサバイバーの本棚に入るべき本といえるでしょう。フィッシャー博士は，思いやりと励ましをもって読者に寄り添い，包括的な癒しのためのユニークなガイドを提供しています。収録されている図解とワークシートは，世界中のセラピストやサバイバーによって既に使用されています。私のトラウマ治療のツールの大切な一部になっています。本書は，使いやすい説明や事例を効果的に組み合わせており，読者に生命力を吹き込んでくれています。私はただただ称賛します！

──デボラ・コーン，精神科医，EMDR研究所
『すべての記憶は尊敬に値する──EMDRという癒しの力を持つ実証されたトラウマ療法』の著者

　この簡潔でよくまとめられた本の中で，ジェニーナ・フィッシャーは現代のトラウマ理論のエッセンスと，彼女の数十年にわたる臨床経験の深い叡智を抽出しています。その結果，個人が使用するにも，あるいはトラウマサバイバーに専門家が用いるのにもやさしい入門書が生まれたのです。

——ゲオバ・マテ，医学博士
『飢えた亡霊の領域で——アディクションとの出会い』の著者

　トラウマ治療のパイオニアとして知られるジェニーナ・フィッシャーは，すべてのトラウマサバイバーとセラピストのために，癒しへのすばらしく使いやすい，包括的なガイドを提供しています。神経生物学的な専門知識に基づく『サバイバーとセラピストのためのトラウマ変容ワークブック』は，幼少期の傷とそれに対するその後の適応策の両方を見ながら，深く持続的な変化をもたらします。そして効果的なプロセスを段階的に読者に伝えていきます。実用的なこの書は，あなたの人生を変える力を持っています。

——テリー・リアル
『結婚の新しいルール』の著者，関係性のあるライフ機構の創設者

　このワークブックは，セラピストとクライアント双方への特別な贈り物です。フィッシャー博士はトラウマによる認知，身体，感情，行動の残滓の複雑さを病理化せずに，わかりやすく伝えることに成功したのです。トラウマを処理し，保存し，記憶する脳の能力，トリガーや破壊的な対処を特定し克服する方法，無秩序型アタッチメントや解離の影響，安全でない過去と力を得た現在を区別する方法などについて学ぶにつれ，クライアントは啓発されることでしょう。ワークシートと「パーツ」の視点は，自己批判や恥を，新たな洞察力，好奇心，セルフコンパッションといった真の癒しに置き換えます。トラウマに詳しいセラピストにとって必読書であり，トラウマサバイバーにとっては人生を変えるワークブックとなることでしょう。

——リサ・フェレンツ
『自己破壊的な行動を手放す——希望と癒しのワークブック』の著者

　ジェニーナ・フィッシャーは，このすばらしいワークブックでトラウマの回復に有意義な貢献をしています。彼女の最新のアプローチ，実践的なテクニック，癒しに導くためのワークシートなど，本書は深く根づいたトラウマ的反応を解決するための必携の書です。大いにお勧めします。

——ナンシー・J・ネイピア，LMFT
『その日をやり過ごす』，『自己を再び創造する』，
『意識と共にある生活への神聖な実践』の著者

　ジェニーナ・フィッシャーと私は，トラウマ治療における安定化をもっと重視するように，長い間促してきました。彼女は，その注意深く教育的で，常識的で，豊富な研究に基づいたアプローチをさらに推し進めました。そしてトラウマ治療における自己啓発という注目されて来なかった部分を埋めてくれています。トラウマ後の状態の共通点を明らかにする一方で，読者に個々の癒しの道を選択を促し，少しずつ進度を調節するよう奨励することでうまくバランスをとります。本書は，トラウマ治療にもそして自己啓発にも最適な補助教材となるでしょう。

——バベット・ロスチャイルド
『PTSDとトラウマの心理療法 Vol.1 & 2（2000 & 2017）』，
『安全にトラウマから回復するための8つの鍵』の著者

著者について

ジェニーナ・フィッシャー（PhD）

　センサリーモーター心理療法研究所のアシスタント教育ディレクター。ハーバード大学医学部でも教鞭をとった。トラウマ治療の国際的な専門家であり，『トラウマによる解離からの回復──断片化された私たちを癒す』（国書刊行会，2020 年）の著者である。パット・オグデンとの共著に『センサリーモーター心理療法──トラウマと愛着への介入』がある。神経科学と新しい身体志向の介入を従来の心理療法アプローチに統合する研究で知られている。より詳しい情報は，彼女のウェブサイト www.janinafisher.com を参照。

目　次

ワークシート目次

謝　辞

　本を書くには村が必要です。本書を世に出せたのは「村の住人たち」のおかげです。トラウマ治療の村のリーダーたちであるベッセル・ヴァン・デア・コークとジュディス・ハーマンにまず感謝を捧げます。2人の発見，決意，そして絶え間ない努力がなければ，今日のトラウマ治療分野や専門家の世界的なコミュニティは存在しなかったでしょう。私が初めてトラウマ治療に人生を捧げようと思ったのは，1989年にジュディス・ハーマンの講演を聞いてからでした。私のキャリアを変えたその言葉を今でも覚えています。彼女はこう言いました。「人々が苦しむのは，幼稚な幻想や精神病圏の疾患ではなく，実際に起こったことのせいだと考えたほうが，理にかなっていないでしょうか？」。私のクライアントたちは，事実，実際に本当に起こったおぞましい出来事に苦しんでいたのです。

　私の人生と仕事を変えたもう一つの言葉をくれたのは，ベッセル・ヴァン・デア・コークです。彼は1994年に「身体はトラウマを記録する」と断言しました。もし彼が，当時は誰にも相手にされないことを言う勇気がなかったら，私が「トラウマの生ける遺産」と呼ぶものの神経生物学的な原因は発見されることがなかったでしょう。彼の励ましと指導がなければ，私はこうした新しい考え方をトラウマ治療に統合することの伝道師になることはありませんでした。ベッセル，私がそうなることを可能にしてくれたことに，心から感謝しています。

　パット・オグデンの存在やセンサリーモーター心理療法がなかったら，私はこころだけでなく身体にも働きかける方法を知らなかったでしょう。トラウマに対して，穏やかで非暴力的な治療法を学ぶことはなかったでしょう。パットが寛大にも実現してくれたすばらしい機会にあずかれて光栄です。

　何よりも1990年代から私の師であるクライアントのみなさんがいなかったら，私はトラウマを理解することはできなかったでしょう。このような才能豊かで寛大な先生方がいなければ，私はトラウマサバイバーのために話すことはできなかったでしょう。皆さんの名前を挙げられたらいいのですが，もうあなたのことであることは気づいてくれていますよね。皆さん一人ひとりが，この本に反映されている，何かを私に教えてくれたのです。

　世界中にいる私の同僚の「村人」たちにも感謝を捧げます。私を個人的に，そして共有している使命のうえでも支えてくれた彼らのサポートは貴重なものでした。イタリアでは，最愛の友人でありこの分野での同胞であるジョバンニ・タグリアヴィーニとパオラ・ボルドリーニが，トラウマと解離の理解を深めイタリアでトラウマセラピストのためのコミュニティを作るために，たゆまぬ努力を続けてくれました。私とは家族ぐるみのノルウェーの友人でもあるトライン・アンストルプとキルステン・ベヌムは，ノルウェーでトラウマの理解を深めるために，その専門家と

しての人生を捧げてきました。オーストラリアでは，私の親友であるナオミ・ハルパーンが20年以上にわたって，自国のセラピストたちに最先端のトラウマトレーニングを提供するために努力を続けています。

　作者には本が完成するまで，何度も小言を言い，おだて，励まし，そしてまた小言を言ってくれる友人や同僚たちも必要です。親愛なる友人であるステファニー・ロスとデボラ・スプラッグは，私にとっての最高の小言屋で，なんども私には言わなくてはいけないことがあること，そろそろ言ってもいい頃であることを思い出させてくれました。ディアドレ・フェイは，私が知るよりもずっと前から，私に何ができるかというビジョンを持っていました。彼女が私を説得して動かしてくれたことに，深く感謝しています！　リサ・フェレンツは，いつも私の執筆における師匠であり，お手本です。彼女と私たちの強力な味方，デニース・トルデラ，ロビン・ブリッケルに感謝します。テリー・トロッター，サリー・ログラッソ，フィリス・ロレンツ，エレン・オッザ，マリリン・チョペル，そしてそのほかのベイエリア地区のセンサリーモーター心理療法コミュニティの皆さん，たくさんの励ましをありがとうございました。そして，若い世代もいてくれます。私の作品をより良いものにと助言をくれて，私には書くべきことがあるといつも気づかせてくれるマレン・マシーノに感謝します。

　作者には，自分のこころの中にあるものを紙の上に映し出すために，必ず他の人の目や耳を必要とします。この原稿を読んで，とても有益なフィードバックをくれたオードリー・フォルタンと，長年にわたって揺るぎないサポートを提供してくれている出版社のリンダ・ジャクソンに感謝します。また，ジョン・ブラマンには，賢明でマインドフルな指導を受けました。

　編集者のミリアン・ラモスの驚くべき才能に称賛を捧げます。彼女の詳細への注意により本書は私が最初に書いた本よりもはるかに良いものになりました。彼女は臨床家のような視点で明確に言うべきことを見抜き，誤植や重複を指摘してくれました。

　そして，最後になりましたが，私の家族に感謝します。ジャドゥとウェンディ，ジェイソンとケリー，そしてすばらしい孫娘のルビーとニカ。いつもそばにいてくれて，年老いた母親であり祖母である私の面倒をよく見てくれました。この本のために我慢を強いてきましたね，ありがとう！　本を書くということは，常に家族の犠牲の上に成り立っているのです。私の愛とこころからの感謝を捧げます。

トラウマサバイバーのあなたへ
本書の使い方

本書はあなたのために書かれたものです。

　あなたは，あなたが耐えてきたトラウマ的な出来事に責任がないにもかかわらず，それらの経験から回復するための試練を処理するために，ひとりとり残されています。さらに悪いことに，起こった出来事によって自分がどのような影響を受けているかを理解するための，そして回復を導くための，ロードマップもありませんでした。それこそが本書の目的なのです——トラウマとその影響に関する最新の理解に基づいて，これからの旅の地図と詳しい道案内を提供することこそが。

　30年前，トラウマ的な体験は，秘密が最終的に明らかにされ，安全で承認してくれる証人に何が起こったのかを語ることで癒されると考えられていました。しかし，当時信じられていたのとは反対に，その過程でトラウマの影響が改善されるどころか，悪化することがよくありました。私は当時，それはとても不公平なことだと思いました。既に受けた苦しみを癒すための試みが，なぜより多くの苦痛をもたらすのだろうか，と。1990年代頃まで，それが唯一の地図であったため，誰もそうした苦痛について疑問に思わなかったのです。たとえそれがサバイバーを彼らが到達したい目的地へと，近づけるものでなかったとしても。

　トラウマの分野で私が最初に師事したジュディス・ハーマンは，この地図とは別のものを信じていました。彼女は，当事者たちに必要なのは情報だと断言しました。サバイバーたちは，トラウマのあらゆる影響や症状について教育を受ける必要があったのです。彼らは自分の人生や治療について賢い選択をするのに，十分な知識が要るのです。セラピーの受け身の対象であるレシピエントではなく，セラピストと完全なコラボレーターになることが重要である，と彼女は述べています。トラウマの被害者として，彼らは力を失い選択肢を奪われてきています。その解毒剤は知識の力であると，彼女は主張しました。何年も悩まされ，もはやおかしいとも異常だとも感じていない，不可解で強烈な反応を理解する方法こそ，知識の力であると。しかし，ひとつだけ問題がありました。本書の第1章にあるように，脅威や危険は，思考，計画，記憶する能力を司る脳の部分を自動的にシャットダウンしてしまいます。考えるのには時間がかかります。逆に本能的な生存反応は速いのです。身体は，危険から逃れるためにどうしたらよいか悩んで立ち止まるよりも，今すぐ走り出したほうがよいという原理で動くのです。

　ゆえに新しい情報は，たとえ安心できるものであっても導入するのが難しいのだということ

に，もうお気づきでしょう。それは，長年の虐待によって条件付けられた，トラウマを受けた脳が，トリガーされる（引き金を引かれる）たび，弱さを感じるたび，脅威を感じるたび，ときには「トラウマ」という言葉を聞いただけでも，シャットダウンしてしまうからです。この問題の解決方法を模索する中で，私は，説明しようとしていることを絵にすることが有効であることを発見しました。シンプルな絵や図を示すことで，考える脳を目覚めさせ，より簡単に集中することができるようになります。こうしたシンプルな図を使うことで，思春期の子どもたちでさえも，脳や神経の仕組みを簡単に理解できるようになりました。

　このワークブックは，セラピストの助けの有る無しに関係なく，あなたをサポートするために書かれました。トラウマとその身体や脳への影響についての最新の理論を，セラピストとサバイバーにわかりやすく説明するための本です。この本は，トラウマに詳しいセラピストと一緒に使うことをお勧めしますが，完全に自分ひとりで使うこともできます。すべてのサバイバーの方々がトラウマの専門的な治療を受けられるわけではありません。まったく治療を受けられないこともあります。どちらにせよ，自分ひとりで使えるガイドブックがあることには，多くの利点があります——たとえあなたに熟練したセラピストがついている場合でも。

　トラウマがもたらす多くの弊害のひとつに，人間に対する信頼の喪失があります。脆弱性への恐怖，依存してしまうことへの恐怖，自己開示への恐怖，悲しみや怒りといった感情に対する回避も，よくある症状です。これらの恐怖や回避は子どもが，世話をしてくれる人さえも信用できず，泣いたり怒ったりすると罰せられ，感情的な欲求が悪用され，依存することが危険な世界では，適応的なものなのです。しかし，こうした経験をしたことが，トラウマセラピーを非常に困難なものにします。セラピーで私たちは，すべての脆弱性を避けることはできません。完全に正常な感情である甘えや，自然と生じる依存へのあこがれも禁止することはできません。涙や怒りを回避することもできません。

　セラピストは当然のことながら，クライアントと信頼関係を築くことを望んでいます。しかし，クライアントの身体が本能的に「危険，危険，この人を信じてはいけない，信頼してはいけない」と言っていて，クライアントが誰かを信じることの困難さを抱えているのを理解しているわけではありません。私は，研究や執筆から得た事実に基づく情報を与えることになるため，トラウマに関する教育をすることがクライアントの助けになることを発見しました。私の人柄や私の意見を信じてほしい，というのではなく，事実を信頼するように求めてみたのです。ほとんどの人にとって，情報を信頼することは，私を個人として信頼することよりもずっと簡単でした。彼らは図を見ることで，自分がおかしいのではないと感じます。そして自分の行動や反応が正常なものであることを学び，安心するのです。そして，これらの図をクライアントに宿題として与える回数が増えれば増えるほど，毎週のセラピーセッションの間に，安定した状態を維持することに役立ったようでした。

　このワークブックには3つの意図があります。それは，①あなたを最も混乱させる，不可解で，恥をもたらすような症状を理解する助けになること，②日常生活に影響を及ぼすトラウマ的体験の生ける遺産を認識する方法を提供し，回復を支援すること，そして③新しい反応が習慣となるよう練習することです。

本書の使い方についての提案

　本書は，トラウマの記憶と向き合うための本ではありません。トラウマの**影響**，つまり身体的・感情的な反応，そしてトラウマが生み出す否定的信念から，あなたが回復するのを助けるためのものです。あなたはまだ，自分のトラウマによる影響をすべて知っているわけではないでしょう。それでもあなたの強い苦痛や圧倒的な感情は，トラウマの症状かもしれないと仮定してみることをお勧めします。自己破壊的な衝動，批判的だったり恐ろしかったりする思考，感情麻痺や孤立感もトラウマによるものかもしれないと考えてみてください。私はトラウマサバイバーが，感情を感じることができないにもかかわらず，巨大な感情に圧倒されることがあると知りました。何も感じられないのは，耐性を超えた感情に対する身体の反応なのです。あなたが生きているなら，あなたには感情があります——たとえあなたが麻痺し，感情や身体から切り離されていたとしても。

　この本はゆっくり読んでください。書かれていることに圧倒されたり，こころが閉ざされたりしたら何の役にも立ちません。全部読まなければならないとは思わないでください。また，急いで読まなければならないと焦りを感じるのは，おそらくトラウマが関係しているのだと考えてください。一度に1章ずつ読み，理解するのに何日か何週間かかけましょう。ワークシートを1つやって，どう感じるか様子をみて，そしてまた別のものに取り掛かることをお勧めします。あるワークシートが役に立つなら何枚かコピーし，特にあなたにとって困難な時期には，しっかり記入し続けましょう。あなたにとって効果的なワークシートは，あなたの頭を明晰にし，身体を落ち着かせ，自分がどこにいるのかを知る助けとなるものです。ワークシートでトリガーされたり，混乱した場合は，脇に置いて別の機会に行うか，完全に飛ばしてしまいましょう。

　ここではいい成績を取る必要などありません！　この本は，あなたの味方になるために作られました。さらなるプレッシャー，負担，課題ではなく，癒しのためのものです。

　自分にとって重要なことはより多く行い，難しいことや自分に関係のないところはあまりやらなくてもよいのだという許可を，自分に出してください。ワークブックには必然的に，あなたにとってタイムリーかつ関連深い情報だけでなく，あなたがもう知っていることや経験と無関係な情報も含まれています。本書が示す順番に進まなくても構いません。自分自身で選択してよいのです。その時々に必要なものに注意を払うのを学ぶことは，回復のための重要なスキルです。

　しかしまた，この本の特定の箇所に強い否定的な反応があったら，**好奇心を持つようにしま**しょう。その理由を追求しようと自分を追い込まずに，強い否定的な反応は，何らかの恐れかトラウマへの抵抗がトリガーされたものであると考えてください。抵抗は決して否定的な反応と考えるべきではなく，単に脅威を感じていることを意味しています。脅威や危険の感情について好奇心を持つのは，常に有益なことです。それに必ず取り組まなければならないのではありません。自分の不信感や嫌悪感に，ただ興味を持つだけでいいのです。可能であれば，たとえ嫌いなものであっても，ワークシートを試してみてください。あなたが考えているほど悪いものかどうか，「試運転」をしてみてください。嫌いなものを試してみて，それが役に立つかどうかみてください。もし，それが役に立たなかったり，圧倒されるようであれば，他のものに移ってよいと自分に許可を出しましょう。読み飛ばした箇所やワークシートは，後でいつでも戻って，反応が

変わったか，難易度が下がったかどうかを確認することができるのです。

　トラウマの影響や症状は，あなたが求めたものでも，あなたがコントロールできるものでもないことを忘れないでください。しかしながら，それらを理解することで，あなた自身をありのままで，より快適に生きることができるようになります。

　生き残ることを優先するように，私たちの脳と身体はできています。そのためトラウマは，非常に特殊な方法で私たちに影響を与えます。身体と脳は，トラウマに適応するために，同じ危険が再び繰り返されることから私たちを守るための予測パターンを，本能的に発達させます。もしあなたが症状（抑うつ，絶望，フラッシュバック，不安や恐怖，見捨てられ恐怖，親密さへの恐怖）に圧倒されたり，苦しめられたりしているなら，これらの反応のそれぞれが生存戦略であることを思い出してください。フラッシュバックは私たちを警戒させます。抑うつや絶望は私たちを沈黙させ，話しかけられた時以外大人の前で口をつぐんでいる状態にしてくれます。恐怖は私たちの人間関係と行動の自由を制限します。恥は私たちを，他人から見られないようにひきこもらせます。それぞれの症状は，あなたの脳と身体が慢性的な脅威の状態に適応する方法を表しているのです。トラウマの生ける遺産を恨むときは，自分自身ではなく，脳や神経系を責めてください！

　自分を追い詰めたり頑張りすぎたりしてはいけませんが，あきらめてもいけません。生き残りをかけた極限状態では，努力が強いられ，限界まで追い込まれ，がんばり続ける必要があります。ですから治癒はその反対に，できるだけ気楽であるべきなのです。あきらめることは癒しではありませんし，自己批判をすることも癒しではありません。しかし，ゆっくりと簡単に進むのを選択すること，決して無理しないこと，焦りや批判なしに挑戦することは，癒しに取り組むうえでの重要な原則なのです。このワークブックの使い方には，正解も不正解もありません。たとえば，避けたいと思うことに直面したときに，時間をかけて避けたい衝動に興味を持ち，それについて考え，そして取り組むか無視したい衝動に従うかを，熟慮して選択してください。今はとりあえず無視する，何がそんなに脅威なのか取り組んでみる，あるいはそのセクションだけをパスするなど，あなたはいろいろと選択ができるのです。

　最後に決して軽んずべきでない大事なことを。あなたの癒しと回復に向かう旅がうまくいくことを祈っています。私は約40年にわたり，トラウマへの認識と理解を世界中で高めることと，トラウマサバイバーの方々が長い間抱えているトラウマ後の生ける遺産を解決するための治療を支援することを，職業上の使命としてきました。

　あなたが生き延びて本当によかったです！　そして，今こそ癒される時です。このワークブックが，あなたの道程の助けとなることを願っています。

セラピストの皆さんへ
本書の，あなたとクライアントの使い方

　本書『サバイバーとセラピストのためのトラウマ変容ワークブック』は，トラウマの分野で最も影響力のある2人の先駆者の考え方に触発されてできています。その2人とは，ジュディス・ハーマンとベッセル・ヴァン・デア・コークです。私は幸運にも，1990年代初頭にジュディスに師事し，1995年からはベッセルを長年にわたる同僚／指導者として持つことができました。それはちょうど，トラウマ治療についての私たちの考えを一変させた「神経生物学的アプローチ」という革命の始まりの時期でした。ベッセル・ヴァン・デア・コークの「身体はトラウマを記録する」という理解に基づいたトラウマの記憶に関する研究は，この分野の方向性を「出来事中心」から「個人の経験中心」へ，「感情中心」から「脳中心」へと変えるのに役立ちました。トラウマ治療の目標が変化し，トラウマ体験の長期的な影響について理解が深まるにつれ，新しいアプローチが必要であることがますます明らかになりました。私たちが助けようとする人々が圧倒されるものでなく，より力を与えると感じられるアプローチが必要となったのです。

　しかし，トラウマ治療の方向性を変えたのは，リーダーや開拓者たちだけではありません。それはサバイバーたちなのです！

　出来事に関する記憶を呼び起こし，それを批判的でない証人と共有することに焦点を当てた初期のトラウマ治療は，セラピストやクライアントが当初期待したような効果を発揮することはありませんでした。トラウマを抱えたクライアントは，自分の話をすることでかえって安心感を失うことになりました。呼び起こされる圧倒されるほどの大きな感情は，多くの個人の感情のキャパシティを超えるため，治療的価値を安定して生むことはありませんでした。話をして，その感情的反応を感じることは，癒しというよりもしばしば再トラウマ化として，こころをかき乱す経験となりました。多くの人は，自分が話した物語を思い出すことができませんでした。なぜなら，出来事を話すと同時に，「今」に居続けることができなかったからです。もっと多くの人は，証人に見られながら，感じたり思い出したりすることができませんでした。ジュディス・ハーマンは，自分のクライアントが物語を語るのを観察し，非常に危機感を覚えました。人々のなかには，自己破壊的になり自殺願望が沸いたため，圧倒的な感情を抑えるために薬物やアルコールを使用するようになった人もいました。もはや機能できなくなった人もいました。彼女は，トラウマの治療がこれ以上苦しみをもたらしたり，すでに大きな苦しみを受けた人々の生活をさらに混乱させたりしてはならないと断言しました。

　ですから，ほかの多くのこの分野のリーダーたちのように，ジュディスも，1800年代後半にピエール・ジャネ博士が提唱したアイデアに傾倒しました。クライアントとセラピストがまず症状や感情を安定させることに集中し，クライアントが自分の強みからトラウマ的過去に取り組む準備をするという段階的な治療モデルです（Herman, 1992）。フェミニストでもあるジュディスは，特に権力と特権の問題に注意を払い，治療関係につきものの不平等性を懸念し，サバイバー自身がトラウマの専門家になるための教育から始めるアプローチを発展させたのです。その目的は，知識を共有することによって，力関係を均等にすることでした。セラピストが知っていることをサバイバーも知っていれば，トラウマに取り組むうえで対等な関係になれるからです。1990年当時，これは急進的な考え方でした。その時代，心理教育の場は心理療法の世界にはありませんでした。それはあまりにも知性化がすぎ，セラピー的ではないと考えられていたのです。

　それでも，ジュディス・ハーマンのクリニックで博士課程後の研究員として，私はクライアントを苦しめる感情や症状を正常化する心理教育の提供方法を学ぶことになりました。希死念慮，自傷行為，絶望，孤立傾向，不信感，見捨てられ恐怖などを正常化することは，恥を減らし，屈辱的な被害者ではなく独創的なサバイバーである実感につながると，ジュディスは信じていました。それは必ずしも容易なことではありませんでしたが，この教育が弱さへの共感ではなく，クライアントたちがどのように生き抜いてきたかについての共感として用いられる限りでは，抵抗を示すクライアントはほとんどいませんでした。心理教育によって，トラウマ的体験の詳細を話したり，圧倒される感情を再体験したりすることなく，これまでを認めることに耐えられるようになったのです。そうすると希望が生まれやすくなり，回復できると信じることが可能になってきます。何しろサバイバーたちは，もうすでに生き延びてきているのですから！

　次に私が学んだのはベッセル・ヴァン・デア・コークのクリニックでした。彼のクリニックでは，特定の出来事ではなく，幼い子どもが体験する別離やアタッチメントの不全，ネグレクト，虐待，家庭内暴力が与える累積的な影響に焦点が当てられていました。私たちのクライアントには，たった一度のトラウマ的な出来事に遭遇したという人は稀でした。ほとんどのクライアントは，ネグレクトやアタッチメント不全という状況の中で，複数の異なる加害者の手による度重なる虐待に耐えていたのです。ベッセルの臨床チームの会議にスーパーバイザーとして毎週同席していると，私は最初の脳スキャン研究の結果としてあらわれたトラウマの本質に関する新しい情報に触れることができました。トラウマの記憶の性質に関する彼の最初の研究では，被験者がトラウマとなる出来事を思い出すと，前頭前野（特に左半球の言語記憶と表現を担当する領域）が不活発になり，脳の非言語領域（辺縁系，特に扁桃体）が非常に活発になることが証明されました。つまり，この人たちは，言葉で記憶する能力を失い，身体的，感情的に記憶するようになっていったのです。この研究により，なぜこれほど多くのクライアントが，経験した出来事に対して健忘を起こし，なぜこれほど症状があるのか，ようやく納得がいくようになりました。彼らは，その出来事に関する時系列的な記憶から切り離された，言葉のない感覚的な断片としてトラウマを経験していたのです（van der Kolk & Fisler, 1995, p.516）。

　トラウマ的体験のこうした非言語的で感覚的な要素は，サバイバーにとっては起こったことの唯一の記録なのです。しかも感情や身体的反応が過去のものでなく，今，ここでのものと感じられるため，解決できない（トラウマの）生ける遺産として経験しているのです。クライアント

が治療を求める理由である症状自体が，トラウマの記憶が働いている証拠であります。ジュディス・ハーマンの同僚であるメアリー・ハーヴェイは，「トラウマサバイバーは記憶の代わりに症状を持っている」とよく言っていました（1990 年 9 月 23 日，私信）。ベッセル・ヴァン・デア・コークの研究は，彼女が言及したことが正しいことを証明していましたが，ほとんどのクライアントは，恐怖，恥，激怒，怯えを感じること自体が，トラウマ的体験を再体験していることであるとは気づいていませんでした。そして，ほとんどのセラピストも知りませんでした。

　このような状況の中で，クライアントに，クライアント自身の症状や反応について教育することがより重要になりました。そのために心理教育では，脳の働きを説明することになりました。クライアントのワーキングメモリーや言語表現能力はトラウマ反応によって損なわれているにもかかわらず，こうした複雑な概念を説明しなくてはならないのです。複雑な情報を単純化し，クライアントが理解できるようにするために，私は試行錯誤の結果，処理する情報を少なくするべく簡単な図を描くことが有効であることを発見しました。

　驚いたことに，ほとんどのクライアントは，私の「簡易脳科学」を理解することができました。また，言葉で説明するよりも絵で概念を描いたほうが，より簡単に集中することができたのです。実際，私が使用した言葉が少なければ少ないほど，彼らにとっては良いようでした！　そして，同僚から，自分や他の人が使えるように図を共有して欲しいと頼まれたおかげで，最初のフリップチャートを作り，「心理的トラウマ治療のための心理教育エイド（Psychoeducational Aids for Treating Psychological Trauma ）」*と名付けました。心理教育は共同作業なので見やすく提示する必要があったため，フリップチャートにしました。クライアントとセラピストが一緒に図を見ることができる必要がありました。同じページを見るのに物理的な近さを必要としないように，イーゼルまたはスタンドの上に自立する必要があり，クライアントとセラピスト両方に見える十分な大きさである必要がありました。

　そして 10 年後，そのフリップチャートの続編として，図をより詳しく説明し，セラピーや家庭などで使えるようにトラウマ反応への取り組み方も提供した，このワークブックが完成したのです。

ワークブックをクライアントと一緒に使う

　私がセラピストの皆様に最初にお勧めする，そして最も重要なこと，それは「ゆっくりが何よりの近道」です。

　まずこのワークブックを勧めたり始める前に，**クライアントの興味を引き出してください。** 心理教育とは学術的なものである必要はありません。それよりも関係性によるものが大きいのです。それにはクライアントの状態と興味への同調を含みます。私の経験では，関係性ができる前にワークブックを勧めてしまうと，クライアントの実際に使用する可能性は低くなるようでした。

---

* 現在フリップチャートは「The living legacy of trauma flip chart: A psychoeducational in-session tool for clients and therapists」（PESI Publishing, 2022）として最新版が刊行されている。本書でフリップチャートと記している際はその本（またはその本に収められた図）を指す。

そうではなくて，クライアントの好奇心や興味に火をつければ，クライアントは探求する気になるでしょう。そして，好奇心を呼び起こす最も簡単な方法は，クライアントにフリップチャートの最初の図，「トラウマの生ける遺産」（訳注：本書 17 頁の図 1.1 にあたる）を見せることです。

フリップチャートを紹介するとき，私はいつも，「なぜあなたにとって物事がこれほど困難なのか，それを理解するのに役立つものをお見せしましょうか」と話し始めます。「なぜ気が狂いそうになったのか？　なぜこれほどまでに圧倒されるのか？」。そして私は最初の図，本書 17 ページの図 1.1 を彼らに見せます。この図は，ほとんどのクライアントの困っている問題や症状を網羅しているからです。しかし，フリップチャートもこのワークブックも，掲載順に使用する必要はありません。実際このワークは，クライアントが困っていることや当惑していることに対して，共感を示すために用いるとより大きな治療効果が得られるのです。幸いなことに，図 1.1 はその点で非常に使い勝手がよいものです。

フリップチャートとワークブックは関連づけられていますが，セラピストにはまず本書ワークブックを少なくとも最初の数章分読み，トピックに慣れておくことをお勧めします。そうすることが，クライアントのさまざまなニーズに対応し，ある概念や章の内容が彼らに与えてくれる純粋な興味や興奮を伝えるのに役立つでしょう。

セラピストによって，クライアントのその時々のニーズをフリップチャートやワークブックの情報にすぐ結びつけてもらえるという関係性は，トラウマを抱えた人にはとても治療的効果があるものです。当事者たちは，一般に，自分の感情やニーズに自発的に同調してもらうという経験をしてきていません。クライアントが今経験している苦痛を，承認し普通のことであるとしてくれる大きな文脈と結びつけることができれば，それは安心につながるのです。

　　カーラは最初のセッションに，落ち着くのが非常に困難な状態でやってきました。彼女は椅子の端に座り，緊張で震え，話そうとはするものの言葉は出てきませんでした。彼女のこころと身体に突然あふれ出したトラウマに関連した反応に混乱し圧倒されていました。専門職に就いているカーラは，何人かのセラピストに助けを求めました。しかし幼少期のトラウマを語ることは，彼女の症状と感情をさらに激しくするだけでした。

　　まず，私は彼女の混乱を認め，正常な反応であるとする必要がありました。私は，カーラがどこにいるのかを知って，そして今，何が起きているのかを教えてあげる必要があったのです。「あなたには感情や反応が押し寄せているのね。それがつらいのよね」と伝え，「あなたの身体と神経系は非常に活性化されて，落ち着いて考えることが難しいのね」と続けました。彼女は頷き，「唯一安心できるのは仕事中だけ。数時間だけだけど……」と答えました。

　　「よくわかるわ」。私は再び彼女を正常と認めました。「トラウマによる過覚醒は前頭前野の働きを停止してしまうの。だから逆にあなたは職場では，仕事をすることで前頭前野を刺激できるから安心できるの。これを見せてあげましょう」。私はフリップチャートの該当する図（訳注：本書 24 頁の図 2.1）を開いて彼女に向けました。するとすぐに彼女が集中し，その身体が落ち着いていくのがわかりました。「脳は圧倒されるような体験を，出来事としてではなく，感覚や身体の記憶として記録するの。それはあなたを圧倒させるのよ。あなたは頭がおかしくなったと自分で思ったことでしょう！」。私はトラウマを抱えた人の多くが抱く最も深い恐怖を説明し，彼

女を安心させるためにフリップチャートを使いました。「これは本当に正常な反応で, ここに書いてあるとおり, トラウマ的な体験は『扁桃体』という小さな領域に記録されて, とても激しい症状になるの。画像やフラッシュバックとして受け取らなくても, トラウマ的な記憶は, 圧倒されるような感情的な反応や肉体的な反応として起こることがあるのよ。そうして前頭葉は停止してしまうの。だからあなたは身体が制御できなくなって, でも原因がわからなかったのよ」。私はカーラの動揺が, 話を聞き図を目にすることで, 少しずつおさまっていくのがわかりました。「前頭葉を, 仕事の時と同じようにオンラインにしておけば, 気分が良くなるわ」と伝えました。するとカーラは「気分が良くなることなら, 何にでも興味があるわ!」と答えました。

　介入を提案する前に, 必ずクライアントが興味を示すのを待ちましょう。カーラのようなトラウマに苦しむ人は, 他者からどう見られるかにとても敏感です。このワークブックなど, その他の介入を早々に勧めてしまうと, かえって興味を失ってしまうかもしれません。クライアントが話した懸念などから, 介入の必要性を見つけるようにしてください。「もし, このトラウマの理解があなたにとって合点がいくなら, 該当する図が載っているこのワークブックにも興味があるかもしれないわ」, 「もし, これが妥当だと感じるなら, ワークブックも好きかもしれない……」。こう私が言うとき, 私が直接ワークブックを勧めていないことに注意してください。その代わり, 私はリソース(資源)の候補の一つとして述べて, クライアントが何らかの好奇心を示すことに委ねています。テーブルの上に置きクライアントが毎週それを目にすることで, 関心を引くこともあるでしょう。また, 一緒に参照しながら読み進めることもできます。「今のことでワークブックに書いてあることを思い出したんだけど……見てみる?」。あるいは私は「このワークブックを読んでいて, あなたに役に立つかもと思ったんだけど, 見せてもよいかしら?」と, クライアントと共有することもあります。

　トラウマとは, 他人の欲望を強要された経験だということを忘れないでください。そのためトラウマの治療では, セラピストが選択肢を提供できるということが, とても重要です。たとえ何がクライアントの役に立つか, セラピストとして確信している場合でもです。テキストを読むだけでいいというクライアントもいれば, ワークシートが大好きでぜひ使いたいと思うクライアントもいます。特に学習障がいのある人や不適切な教育を強要された人は, 「宿題」という言葉に否定的な反応を示します。彼らが失敗や恥を恐れるのであれば, ワークシートが役に立つかどうか, 2人で実験してみることを提案してもいいでしょう。クライアントが経験していることに関連する箇所を読み, あなたとクライアントが共同でワークシートに記入し, クライアントがなんらかの価値を見出すかどうかを確認しましょう。相手に与えるプレッシャーが少なければ少ないほど, 治療はより協力的なものになるでしょう。図やワークシートが役に立たなかった場合, それを笑い話として共有できたり, 治療者として自分の推測が間違っていたと簡単に流すことができれば, ほとんどのクライアントは, もう一度試そうとしてくれます。そして, 図を理解して自分が承認されたと感じれば, ワークブックも使おうと思うようになるのです。

　情報を「一口サイズ」にすることも重要です。カーラの例にあるように, トラウマの活性化が思考脳に及ぼす影響を思い出してください。クライアントは一度に多くの情報を処理できないのです。次のことを始める前に, 少し情報を吸収するための時間を与えてください。それぞれの図

が異なる概念を示しているので，ほとんどの場合，1回のセッションでひとつの概念しか紹介しないか，せいぜい関連するフリップチャートを2ページ紹介する程度にしたほうがよいでしょう。「ゆっくりが一番の近道」は，私が初期に学んだトラウマ治療の原則ですが，これは急いでいるクライアントに安心感を与える表現でもあるのです。私が新しいリソースを一口サイズに小分けすれば，クライアントはそれを受け止めて興味を持つことができ，最終的により早く進歩することができるのです。一方，情報量が多すぎてクライアントが圧倒されると，進行が遅くなります。そしてクライアントが新しい情報に抵抗を示すようになったりします。私がさらに心理教育をしようとするときに，私を信頼することが難しくなるかもしれません。

　本書の使用においては，ゴール指向にならないようにしましょう。この本を完了するのを目的とするのではなく，リソースとして本書を使ったほうが，より価値の高いものになるはずです。この本はどんなトラウマ治療もサポートできるように作ったので，クライアントがこの本をリソースとして，または困ったときの助けとして使用できることを強調しておきたいです。眼球運動による脱感作と再処理法（EMDR; Shapiro, 2001），センサリーモーター心理療法（Ogden & Fisher, 2015），ソマティック・エクスペリエンシング™療法（Levine, 2015）などの身体志向の療法の，準備段階として用いることもできます。あらゆる種類のトラウマ処理の前段階の安定化に役立ち，あるいは単にクライアントの機能を回復させるのにも効果的です。もしあなたが，限られたセッション数で成果を出さなければならないというプレッシャーを感じているなら，時間を最大限に活用するために，あなたとクライアントが取り組んだことを今後に引き継ぐ手段として，この本を紹介してもいいかもしれません。安定化と心理教育は，短期治療の制約があるなかでは，いっそう重要な意味を持ちます。しかし，覚えておかなくてはならないのは，一度に多くの情報を与えすぎると，クライアントを鼓舞するどころか，むしろ落胆させることになるということです。目標はサバイバーに，症状やトリガーされた反応を統御し，トラウマ後の生活に役立てることができ，トラウマの恐ろしい詳細を思い出すことを求められずに自分の経験を承認できる心理教育を授けることなのです。

相互探求にクライアントを関与させる

　このワークブックは，セラピストとの関係性のなかで用いればより大きな効果を発揮します。治療のための読み物としてしまうと堅苦しくなりますが，そうではなく，共有のリソースやガイドブックとして一緒に読んでみてください。

　セラピストはクライアントが，トラウマの活性化によって抑制された前頭前野を持っている可能性が高いことを思い出してください。新しい情報を吸収し，それを一般化したり応用したりする能力は，あなたのほうがクライアントよりも容易であることを忘れないでください。クライアントが本書の内容について考えるのを補助しましょう。あなたがクライアントのために考えてあげるのではありません。あなたはクライアント自身の脳の活動を刺激してあげるのです。本書やフリップチャートは，共有体験として活用したほうがよいでしょう。あなた自身の見方を伝えてください。「このページで言っていることはこういうことかしら？　あなたの判断力が劣ってい

るわけではなくて，トリガーによって思考脳がシャットダウンされて，感情や衝動に支配されているだけなの。どうかしら？」。あるいは，クライアントの視点について聞いてみましょう。「このページは当てはまるかしら？　自分の生活の中でこれに気づく？　これはあなたにどれだけ当てはまる？」。または，「これがあなたの経験にどれだけ当てはまるかを考えていたわ。どうかしら？」というように。

　そして可能な限りセラピーのなかで実体験してみます。たとえば「このことについて話している間，あなたの神経系はどうなっている？」，「これはあなたの前頭葉にとってトリガーになりすぎる？　圧倒されるものかしら？」または，「大声で話す人，特に男性に対し扁桃体がパニックになるみたいね。そして，考える脳が停止するのかもね」。トラウマサバイバーが経験する困難のひとつは，トラウマを受けた脳が，過去と現在，安全な今と危険な昔，普通の感情とトリガーされたトラウマ関連の感情を，関連づけることができないことです。このワークブックが心理療法における会話の一部となればなるほど，クライアントは学んだことをより簡単に自分のものとして統合できるようになります。

フリップチャートまたはワークブックに対する否定的な反応に取り組む

　フリップチャートか，ワークブックか，あるいはその両方がトリガーとなるクライアントが必ずいます。タイトルにあるトラウマという言葉を見て，すぐにトリガーされる人もいるかもしれません。ある人は心理教育を，馬鹿にされて辱められた学校での否定的な経験や，学歴がないことで恥をかかされたことと結びつけるかもしれません。または心理教育を，説教されるんだ，授業みたい，と思う人もいます。セラピーで温かさを感じたり，無条件に肯定されることを切望しているクライアントの中には，望んだケアではなく学問的に感じられて苛立ちを覚える人もいます。人によっては，図や本自体，またはその両方を使うことを拒否する場合もあります。そして，トリガーになり過ぎる，調整不全になるなどの理由で，フリップチャートとワークブックの，どちらも使えないことも予想されます。一方で，この2つのツールが欠かせないと思う人もいるのです。フリップチャートの視覚的イメージは，ぼーっとしたときや圧倒されているときでも集中することを可能にします。また彼らは，ワークブックの情報に承認されたと感じ，理解されたと思うのです。トラウマサバイバーは，フリップチャートが自分にとってどんなに大切なものかを伝えるために，私に感謝のメールを送ってくれます。しかし他のクライアントから，これらを見なくて済むようにしまってほしいと言われても，決して驚かないでください。

　これらのツールの使用に関して，クライアントともめる必要はありません。否定的な反応が起きたらそれを認め，しかし好奇心を持ってもらうよう頼むのが一番です。「この本がトリガーなるのね？　私がフリップチャート（またはワークシート）を見せると，具体的に何がトリガーとなるかしら？」，「何がトリガーかを教えてくれて本当にありがとう！　よくわかったわ！」，「学校の頃のことや，誰も識字障がいを知らなかった時代の拷問のような日々を思い出させるなんて，なんと残念なことでしょう！　この本は多くの人には助けになることもあったのに――トリガーがひどいものでなければ役に立つんだけど」。

　あるクライアントには私は，ジュディス・ハーマンが，トラウマサバイバーを完全な協力者にし彼女の考えについて意見を聞くために，サバイバーに心理教育を行うことの重要性を見出した話をします。また，他のクライアントには，フリップチャートもワークブックも使わずに，同じ趣旨の心理教育をします。「あなたの神経系は本当に反応したのね」，「あなたの思考する脳はきっとシャットダウンしてしまったのかも。おそらく考える時間もなく，電球のように突然切れてしまったのね。それはトラウマサバイバーによく起こることよ」。セラピストが，フリップチャートとワークブックに慣れ親しめば，クライアントと話すときにその概念を用いることができます。「もちろん，あなたは子ども時代の出来事の多くは覚えてはないだろうけど，たくさんの苦しみは覚えているのよね。暗闇への恐怖はおそらく記憶だわ。恥の感覚も記憶でしょう。無力感や劣等感，罪の感覚もそうかもしれないわ。脳が多くの出来事を覚えていなくても，あなたは多くの感情や身体の記憶を持っているわ」。

　最後に大事なことを。クライアントが特定の介入をする準備ができていないとき，セラピストは賢明な親がするように，より良いタイミングを待つか，または，同じ概念を伝える別の方法を見つけるようにします。フリップチャートやワークブックをしまっておいて，数週間か数カ月後に取り出すこともできますし，定期的に参照することもできます。「ワークブックがトリガーになるのはつらいわね……」，「フリップチャートを見ると，学校の意地悪な先生を思い出してしまうのね……」，「トリガーにならなければ今すぐフリップチャートで説明してしまうんだけど。でも使わないでトラウマと脳について話してもいいかしら？」。そして，クライアントが許可しなかったとしても，その決断を受け入れて次のように言ってみます。「あなたの中で何が起きているのかを，私だけが知っているのではなく，あなたにも知っておいてもらいたいの。でも決定権を持つのはあなたよ。私はもちろんあなたの決定権を尊重したいと思っているわ」。

トリガーを，スキルを練習する機会にする

　フリップチャートやワークブックを使いたいのに，特定のことば，アイデア，図，ワークシートがトリガーになってしまうサバイバーももちろんいます。あるいは，慢性的にトリガーされた状態，または，その日の何らかの体験がトリガーとなった状態でセッションに来る場合もあります。どちらかが起こった場合，クライアントが反応を統制し，トリガーされた体験からから学ぶのを助けるために，本書を使うのもよい機会となります。ワークブックは教科書ではありません。クライアントにとって，ワークブックを読み終えて完了させることはさほど重要ではありません。それよりもトリガーされたときや，感情が押し寄せたときに自分を助けるために，ワークブックのコンセプトやスキルを使えるようになることが大事なのです。たとえば，クライアントがセッション中で，明らかにトリガーされた場合（たとえば，強い不安，反応的になる，怒り，防衛，意識の遠のき，感情麻痺，遮断），ワークシート6は，クライアントがトリガーされたことを識別できるようになるのに非常に役に立ちます。ワークシート5は，クライアントが慢性的にトリガーされている場合にとても適しています。セラピストとして私は，「あなた（あるいはあなたの身体）は今日，トリガーされたのね？　1日中かしら？　今朝は目が覚めたときから？　それ

とも朝の時間に何かがトリガーになったのかしら？」と質問するでしょう。そして私は，「一緒に記録に取り組みましょうよ，そうすれば，あなたが不意打ちされないよう予測できると思うわ」と提案するかもしれません。セッションの中で表に記入し始め，クライアントがそれを家に持ち帰って作業を続けるように提案することもできます。

　トラウマからの回復には，トリガーをされたときの反応を認識し，リアルな現在の危険とトリガーされた脅威の感覚とを区別する能力が非常に重要です。そして，セラピーでこれらの認識に時間を費やすのは，常に有効なことです。もしクライアントの主訴が，トリガーに対する過敏さや，その反応への統制の困難であるなら，他の章やトピックに進むことを急ぐ必要はありません。トラウマからの回復では，ある問題（とそれに関連するフリップチャートまたはワークブックの図や表）が何カ月も主役となり，その後，他の箇所や章が関連してくるということがあります。それは必ずしも目次と同じ順番ではありません。良くも悪くも，常にクライアントのニーズや困難に従い，それに応じて本を使うのです。

　治療者の同調とプレゼンス（訳注：存在を保つ能力）によって，クライアントが現在にとどまり，苦しい感情への耐性を向上させるのを助けるという心理療法の技術は，すべてのセラピーの核となるものです。同調しながらワークブックを柔軟に対応させて使うことが，ワークブックを成功裏に活用することと，クライアントの人生において意味あるものにする鍵となります。セラピストとしても著者としても，私は，本書をトラウマとなった過去を克服するためのサポートや味方のように利用してくれることが，読破してもらうよりもはるかに重要なことだと思っています。サバイバーは必ず癒されることができます。私はサバイバーに，それを促し，それができると確信している私のプレゼンスを，感じていただきたいのです。私たちはサバイバーの味方なのです。

第**1**章
トラウマの生ける遺産

　かつては稀で不運な出来事のことだと思われていたトラウマの体験は，今では毎年，何百万人もの人間に起こっていることがわかっています。虐待，家庭内暴力，戦争などの長期にわたって逆境的な環境にさらされたものであれ，テロ攻撃や交通事故など1回の悲惨な出来事であれ，すべての人間がトラウマを受ける可能性があります。愛する人がトラウマ的体験をすると，私たちもそれに影響されます。しかし，ほとんどの人が知らないのは，たとえトラウマ的出来事が終わってうまく生き延びたとしても，その人のなかではまだ終わっていないということなのです。

トラウマの生ける遺産を認識する

　トラウマの影響は，数週間，数カ月，数年，数十年と長く続くことが多いのが現実です。いわば生ける遺産となるのです。

　祖母の花瓶，父親の腕時計，母親の指輪など，過去の人が残した遺品に対して抱く感情とは異なり，生ける遺産については，過去の骨董品，アンティークとして認識されることはありません。トラウマの生ける遺産は，日常の物事への強烈な身体的，知覚的，感情的反応として現れるのですが，過去の経験として認識されることはほとんどありません。こうした感情的・身体的反応は「潜在記憶」と呼ばれ，私たちの身体と感情の中に，1日のうち何度も何度もトラウマを蘇らせ続けます。日常生活の中で，過去の状況に関連する今では無害なものを思い出すだけで，身体に緊張が走り，心臓がドキドキと鼓動し，恐ろしい映像が沸き上がり，恐怖や痛みや怒りを感じるのです。家の中にいても，ゴジラを前にしたような驚きを感じたり，突如の羞恥心に襲われ，話すことができなくなります。自分を心配してくれる人たちに囲まれていても，孤独感や心の痛みを感じ，逃げ出したい，隠れたいという衝動に駆られたりするのです。過去のトラウマが家族，家庭，近所，親密な関係の中で起こった場合，それらの場は潜在的なトリガーの地雷原となり，起床，朝食，シャワー，歯磨き，通勤・通学などのごく簡単な日課でも暴発の可能性をつくるのです。

　さらに悪いことに，これらは非言語的な記憶なので，関連づけることのできる出来事やその映像がない場合もあります。トラウマの影響に関する数十年にわたる研究から，圧倒されるような

経験は，明確で首尾一貫した物語や，説明できる一連の映像として思い起こされる可能性が低いことが確認されています。トラウマは，感情，身体感覚，呼吸や心拍の変化，緊張，身構え，虚脱，圧倒など，非言語の感覚的な形で記憶される可能性が高いのです（Ogden, Minton, & Pain, 2006）。潜在記憶が「地雷」であるトリガーによって呼び起こされると，たとえ何が起こったかを意識的に言葉で覚えていなくても，脅威の瞬間に経験した危険，屈辱，逃げ出したい衝動といった感覚を再び経験することになります。

　しかし，これらの反応を引き起こす可能性のある特定の出来事を思い浮かべようとしたところで，あまり解決には近づかないでしょう。なぜなら多くの場合，過去のある出来事と結びつけて考えることで，つらい身体的・感情的反応や圧倒される感覚が強まってしまうからです。こうしたことの意味を理解せず，多くの人は，自分や，「今，ここ」の環境に，何か問題があるのだと思い込みます。「彼は私を怖がらせた」，「彼女は私を辱めた」，つまり「ここは安全な場所ではない」と結論づけるのです。または，強烈で不可解な反応を，「自分の何かがおかしい」，「私は常軌を逸している」といったように解釈してしまうこともあります。

　トラウマは，人々の睡眠や日常を混乱させる恐怖の記憶を残すだけではありません。図 1.1 が示すように，トラウマの生ける遺産は，さまざまな症状や困難をつくり出します。そして，そのほとんどはトラウマに関連したものとは認識されないことが多いのです。

　この図は，トラウマとなる出来事がただの過去の出来事であることを，あなたとセラピストに思い出させるためのものです。圧倒的な出来事の生ける遺産として，またそうした出来事の影響の存続として，トラウマを受けた人には一般的にさまざまな症状や困難が見られることになります。トラウマ的な経験によって引き起こされるさまざまな影響について，このなかのどれが最も身近なものであるか，考えてみてください。そのどれもが，脅威や危険，囚われの身になること，幼いことや無防備であることへの防御策であり，またはその他の感情や身体の反応に対処するために，あなたのこころと身体が適応した方策なのです。

> この時点で，章末の「**ワークシート 1：トラウマの生ける遺産**」で，自分自身のトラウマの生ける遺産を探ってみましょう。好奇心を持ってください。もし，あなたがこれらの症状がトラウマ由来だと知らなかったとしたら，何が原因だと思ってましたか？

　ほとんどのトラウマサバイバーは，その症状を自分のせいにするか，環境のせいにする傾向があります。「それ（トラウマの影響）」が終わったという安堵感や，「私は成功した，まだ生きている」という感覚を味わうことはまずありません。彼らの身体と感情は，あたかも危険が終わっていないかのように，周囲の人々や状況に反応しています。「最後にトラウマになるような出来事を体験したのは何年前ですか」と尋ねると，ほとんどのトラウマサバイバーは，あまりにも時間が経過していたことに驚きます。「過去」がいつ，どこであれ，まだ「過去に居続けている」のです。

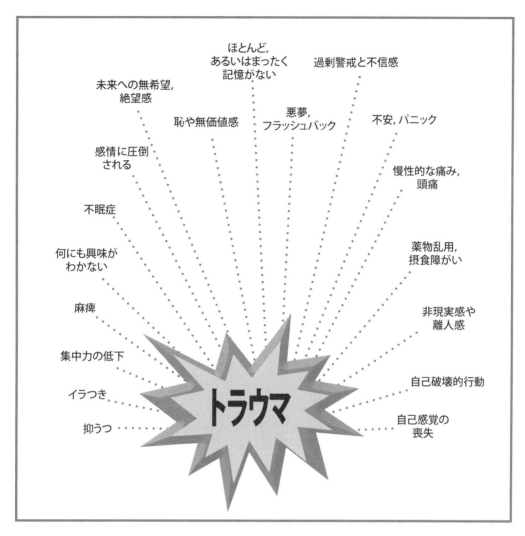

図 1.1　トラウマの生ける遺産

トラウマを克服する

　なぜ私たちは，トラウマを過去の出来事として経験しないのでしょうか。その答えは，私たちの脳と身体にあります。

　人間は，熟慮の末に決断したり計画したりして，恐ろしい体験を生き延びるわけではありません。脅威に直面したとき，私たちは若すぎたり圧倒されすぎたりしていて，対処することができないのです。生き延びるための本能は身体に備わっていて，脳は何よりも生き残ることを優先します。脳が生命の脅威を察知した瞬間，生存反応が自動的に動き出すのです。

　脳の特定の領域は，私たちが危険に際して生き延びることができるよう，特化されています（van der Kolk, 2014）。大脳辺縁系にある一連の関連構造は，私たちの感情，感覚，関係性における能力を保ち，そして，トラウマ的な出来事に関連する非言語的記憶を保存しています。大脳

辺縁系には，視床（感覚情報の中継基地），海馬（記憶の処理に特化した領域），扁桃体（脳の火災報知器と煙探知機）が含まれます。私たちの五感が差し迫った危険の徴候を感知すると，その情報は自動的に視床に伝達され，そこでナノ秒単位で，扁桃体と前頭前野での脅威探知機能が評価し，それが本当の警報か誤警報かを判断します（LeDoux, 2002）。

　私たちの思考と知覚の脳である前頭前野は，理性による「拒否権」を持つように設計されています。ですから，もし刺激が良性であると認識されれば，扁桃体は反応しないことになります。しかし，何か脅威を感じるようなことがあると，扁桃体は脳を刺激して交感神経系を稼働させ，アドレナリンによるストレス反応を開始させます。そして，闘争・逃走の準備をするのです。アドレナリンは心拍数と呼吸を増加させ，筋肉への酸素供給を最大化し，前頭前野を含む他の関係ないシステムを停止します。サバイバルモードにあるとき，考えてしまうと貴重な数秒の応答時間を無駄にしてしまうかもしれないからです。しかし，自動的に本能による防衛を稼働させることで払う代償は，大きいものです。私たちは意識的な意思決定の能力を失い，経験のすべてを俯瞰する能力を失います。助けを求めて泣く，恐怖で凍りつく，逃げる，闘う，または他に方法がないと降参する。こうした自動的な行動や反応をするだけです。

　海馬は，大脳辺縁系にあるもう一つの小さな構造体で，非言語的な体験を時系列に並べ，言葉にできる記憶にする役割を担っています。トラウマ的な出来事はそこで，言語化できる記憶となります。しかし，海馬は，脅威の下では，抑制される部位の一つです。そのため，人間が最悪の経験をすると，海馬は記憶処理を完了できません。ですから起こったことに意味を見出すことができなくなるのです。たとえトラウマを生き抜いても，何が起きたのかそれにどう耐えたのかを正確に思い出せず，不十分あるいは断片的な記憶だけに取り残されることになるのです。

　何が起こったかを時系列で明確に記憶している場合でも，生き延びたという感覚が持てないことは多くあります。または，虐待やネグレクト，家庭内暴力のように慢性的に危険な環境に置かれると，生存反応システムが脅威を予期して常に稼働し，あたかもまだ危険で脅威的であるかのように，身体反応を起こし続けることもあります。先述した何が起こったかについての明確で一貫したナラティブな記憶がない場合，トラウマを受けた人が導き出せる結論は，「私は危険にさらされている」または「私には欠陥がある」のどちらかでしょう。そのどちらか，あるいは両方が，その後何日も，何週間も，あるいは何年も，トラウマの生ける遺産という重荷を負って生きる苦悩を悪化させるのです。

　もし，あなたが起こったことに対してまだ脅威に苛まれて，自責や恥を感じているなら，この章の最後にある「**ワークシート2：症状はどのようにあなたが生き残るのを助けたか？**」に書き込んでみましょう。あなたの症状が，どのように生き延びるのを助けたか理解することから始めましょう。それが自分と症状との関係を変える第一歩となるのです。

トリガーとトリガーされたときの反応を理解する

原始時代を思い浮かべてみてください。私たちの先祖たちは，疫病や厳しい気候，部族への食料供給という課題，捕食者に襲われる可能性など，非常に危険な世界で生きていました。そのような厳しい環境下で生き残るためには，危険を察知し，防衛する能力だけでなく，たとえ大切な家族や自分自身に何が起ころうとも前進し続ける能力が必要でした。危機の時に，「お腹がすく時間が来るから食べ物を探しに行こうか？」，「あのガサガサという騒音は何だろう？」などと考えていたら貴重な数秒から数分の時間が奪われます。脅威の度合いを分析するよりも，危険を感知し行動することのほうが，生き残る可能性が高かったのです。

何世紀も経った現代でも，人類はストレスの高まりと生存本能を持っています。危険な経験の後，脳と身体は潜在的な脅威を示す合図に過敏になります。特定のトラウマ的な出来事とごく間接的にでも結びついた合図または刺激は，**トリガー**となり，強い身体的・感情的反応を**引き起こ**します。例を示してみましょう。

> ブリアンナはセラピストにこの 2 週間，抑うつがとても悪化していることを報告しました。「この 2 週間は特に寒かったから」と彼女は言いました。セラピストは不思議に思い尋ねました。「子どもの頃，寒さはあなたにとってどんな意味を持っていたの？」。彼女は，「私が育ったところでは寒くなると雪が降るから，母と一緒に家の中にこもらなくてはならなくて。外出することができないから母から離れらないの」と教えてくれました。「だから冬になると憂鬱になるの？」。ブリアンナの母親はアルコール依存症で娘を虐待していました。ですから子どもにとって母親と一緒に家にいることは危険なことでした。それから数年後，冬の寒さは，ブリアンナの幼少期の体験と結びつき，絶望感や憂鬱を引き起こすのです。

もうひとつ例を紹介しましょう。

> アニタは，自分が重要な存在であると周りの人に認められたくて，構ってもらえないと簡単に傷つきました。しかし，構ってもらっても同時に怯えることもありました。何かの集まりに誘ってもらえなかったり，誕生日を覚えてもらえなかったりするとトリガーされるのですが，招待状やプレゼントを貰ってもトリガーされました。家族が遠くにいると，自分が大切にされてない，見てもらえてない，と嘆き，家族が彼女とつながろうとすると怒りと不信感でいっぱいになり「彼らはいったい私に何を求めているの？」という猜疑心を抱きました。彼女の人間関係は感情的な記憶ですぐに溢れ返りました。それは，虐待する家族から構われず，操作されたという記憶でした。大人になって自分で選んだ家族からも，自分が愛され大事にされているという事実を受け入れられませんでした。

何が起こったのか，信憑性ある時系列の記憶がなく，非言語の感情や身体の記憶の絶え間ない賦活化に苛まれるので，トラウマサバイバーは図 1.1 にあるように，状況をさらに複雑にする行動や反応をしてしまうことがあります。脳について知ることは，自らの行動と反応をより理解するのに役立ちます。次の章では，私たちの脳の働きについてもう少し詳しく説明しましょう。

トラウマの生ける遺産

あなた自身が自覚している，あるいは過去に経験した症状や困難について，丸で囲んでください。そして，それがトラウマの結果であることを知らなかったものには，チェックしたり印をつけてください。

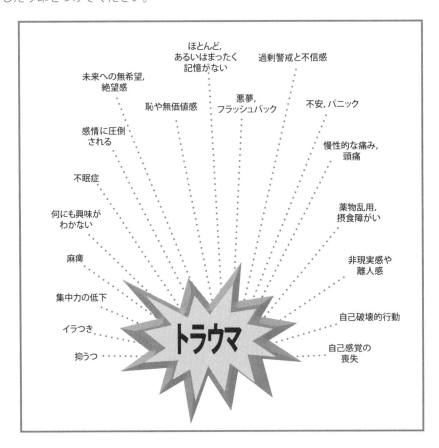

これらの問題や症状が，すべてトラウマの生ける遺産の一部であることがわかったとき，自分自身への感情はどのように変化するのでしょうか。

_____

_____

_____

ワークシート **2**

症状はどのようにあなたが生き残るのを助けたか？

　あなたを最も困らせたトラウマの症状を 4 つ選び，そして次のように自分自身に問いかけてみてください。「恥は，生き残るうえでどう自分を助けてくれたか？」，「抑うつはどのように私を乗り越えさせてくれたか？」，「物事への興味を失うことは，どのように私を救ってくれたのか？」，「眠れないことが，どのように役に立ったのか？」，「薬物を使うことでどう生き残れたか？」，「希死念慮は，どう助けになったのか？」。

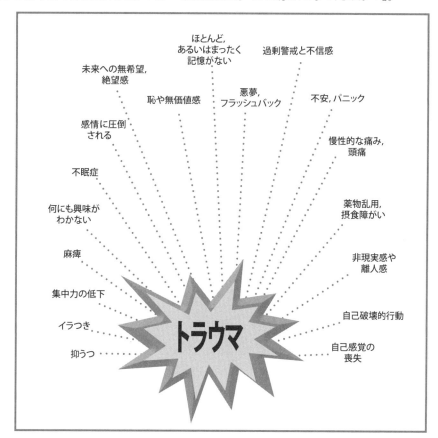

　あなたが発見したことを何でも書き込んでみましょう。

　答えに迷ったら，「もし私が抑うつ（またはイライラ，恥，希死念慮）が**なかったら**，どうだっただろう」と自分に問いかけてみてください。

1. _____

2. _____

3. _____

4. _____

第**2**章
トラウマを受けた脳を理解する

　脳は身体の中で最も複雑な器官であり，私たちが考えることだけでなく，感じたり，行動したりすることすべてに影響します。私たちの脳はさまざまな構造体に分かれ，それぞれが異なる目的をもっており，物事を遂行するためには複数の箇所の連携が必要です。たとえば，車の鍵をなくしてしまった場合，最後に見た場所を思い浮かべ，その後どうしたかをひとコマひとコマ思い出していくことでしょう。このプロセスでは，視覚的な記憶を保存する脳の部位と，「ワーキングメモリー」（過去の情報を取り出し，現在のデータと比較し計画を立てたり，問題を解決したりする能力）の部位の両領域を協働させる必要があります。このように私たちは日々，脳に頼って日常生活を送っていますが，どこがどう機能しているか，その仕組みを把握して，駆使しているわけではありません。

三位一体脳モデルと発達する脳

　トラウマ治療で最もよく使われる三位一体脳のモデルは，神経科学者のポール・マクリーン（1967）に由来し，現在では科学者の間では時代遅れとされています。しかし，脳をたった3つの領域に単純化しているため，セラピストやトラウマサバイバーには覚えやすく役立ちます。

　図2.1 からわかるように，マクリーンは脳を前頭前野または思考脳，動物または哺乳類脳，爬虫類脳の3つに分類しています。爬虫類脳は，心拍数や呼吸などの基本的な機能や反射，本能的な反応を統御しているため，生きていくうえで必要不可欠です。トカゲを思い浮かべると，爬虫類脳がどのように働くかわかりやすいでしょう。トカゲは考えるために立ち止まりません。ただ素早く本能的に反応するのみです。生まれたばかりの赤ちゃんは，ある程度発達した爬虫類脳が既にあり，哺乳類脳と思考脳は少し発達し始めているに過ぎないのです。爬虫類脳のおかげで呼吸，心拍数，消化，神経系の調整など，生命に関わる最初の試練には対峙できます。親御さんたちは「うちの赤ちゃんはただ寝て，泣いて，食べて，うんちをするだけ」と言うかもしれませんが，それは爬虫類脳が生命維持のために働いている証拠です。

　そして，生後3カ月頃になると，ほとんどの赤ちゃんが社会性を持つようになります。大好きな人が現れると微笑み，興奮してクーと声を出し，表情や声色で示すようになります。その笑顔は大人にも伝わり，たとえ寝不足で疲れていても大人も思わず笑顔になってしまいます。これは，

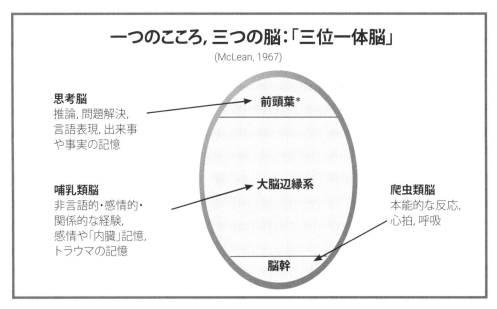

図2.1　脳を理解する
＊前頭前野は前頭葉の大部分を占める。

大脳辺縁系（哺乳類脳）が急速に成長し，将来の情緒的・社会的発達の基礎ができつつあること
を意味します。小さな子どもが感情的に反応しやすいのは，幼児期に大脳辺縁系（哺乳類脳）が
優位に働いていることを証明しています。理性的かつ秩序ある行動ができる能力は，思考脳，つ
まり前頭前野がゆっくりと発達するにつれてゆるやかに獲得されていきます。

　11 ～ 12歳になると，ほとんどの子どもは理性を使って自分の欲求を伝えられるようになりま
すが，それでも前頭前野はまだ発達を終えていません。前頭前野は思春期を過ぎて25歳くらい
まで成長し続け，より精巧になると言われています。つまり20代前半までは成熟しないことが
多く，脳が完成しているとは言えません。ですから思春期の子が，理性的でないのは当然なので
す！　もしあなたが思春期のころの自分の行動に恥ずかしさや罪悪感を感じたら，この脳の発達
について思い出してください。特に12歳から13歳にかけての脳は，急激な発達に見舞われます。
子どもたちは突然激しい感情と衝動に襲われます。また突然大きくなったものの，まだ組織化さ
れた賢明な脳に成熟していない，いわば無秩序な前頭前野を持っている状態です。思春期の子ど
もは，脳がまだ追いつかないので，理性でなく，衝動や感情で反応したり判断してしまうのです。

　　　章末の「ワークシート3：自分の脳を知る」を見て，あなたの経験に当てはめ
　　てみましょう。脳の各部分が，あなたがあなたであるためにどのように貢献して
　　いるのか，好奇心を持ってください。このワークシートの目的は，自分の脳がど
　　のように働いているのかに気づくことです。

トラウマはどのように記憶されているか

　第1章で述べたように，単回性トラウマも慢性的なトラウマも，子どもの発達中の脳に影響を与えます（Perry et al., 1995）。危険は爬虫類脳と哺乳類脳を過剰に刺激し，また前頭前野をシャットダウンさせるので，トラウマを受けると学習などの特定の作業が難しくなることが多いのです。たとえば子どもの場合，衝動性や反応性が高まり，注意欠陥多動性障がい（ADHD）や反抗挑戦性障がいと診断されたり，または，やる気をなくしているように見えることがあります。虐待的な環境では，脳の下層の部分が脅威と過去の危険を思い出させるような刺激にさらされ続けるので，前頭前野の成熟が促進されません。

　また，神経科学の研究により，トラウマに関連した感情や身体の記憶は扁桃体に蓄積され，トリガーやトラウマとなった出来事を思い出すことによって容易に活性化することが明らかになっています。また，扁桃体がトリガーにより反応すると，言語記憶領域（ここの働きによって話を最初から最後まで述べることができます）がシャットダウンすることも研究でわかっています。トラウマ的な出来事やトラウマ的な人生の後では，サバイバーは何が起こったかについて断片的にしか話せない，もしくは明確な物語がまったくないこともあります。たとえ「何も覚えていない」と言っても，突然驚いたり，恐怖を感じたり，身体を緊張らせたり，引っ込んだり，恥や自己嫌悪を感じたり，震え出すということは，**覚えている**ということなのです。トラウマとは，言葉で表現できるような物語形式で記憶されるよりも，感情的・身体的に記憶されるため，当事者はしばしば混乱したり，圧倒されたり，気が狂いそうになったりするのです。言葉や映像のような記憶がないため，自分が感じていることを記憶として認識できないことがあるのです。

　また，人間が覚えているのは出来事だけではないことも重要な点です。私たちは，さまざまな方法で記憶するのです。図2.2にあるように，脳の部位によって記憶の仕方や形態が異なります。それぞれの脳の領域は，異なるやり方で記憶を保存します。思考脳があるために，私たちは起こったことをストーリーとして覚えておけます。しかしそれに関連する大きな感情は付随していません。感覚を司る領域があるから，私たちはある出来事に関連した映像を見たり，音が聞こえるのです。私たちの感情は，何かを感じたことを記憶しているでしょうし，身体は，ある時の衝動，動き，身体感覚（締めつけ，震え，落ちていく感じ，小刻みな揺れ，慄き）を覚えていることでしょう。

　突然理由もなく不安になったり怒りを感じたりするとき，ほとんどの人は，それが記憶であることには気づきません。トリガーされたとき，そのこと自体が記憶なのだ，という認識には至りません。愛する人のことを考えると温かい気持ちになり，脅威を感じる人に会うと萎縮し，身構えるも非言語の記憶です。また，「前に来たことがあるような気がする」，「なぜだかわからないけど見覚えがあるような気がする」といったデジャヴ体験をするのも，言語化できない記憶なのです。

> この時点で，「ワークシート4：脳はトラウマをどのように記憶しているか」を使うと非言語の記憶について理解する助けになるかもしれません——あなたが思い出せるものをはるかに超えた記憶です。このとき，言語化できる記憶に焦点を

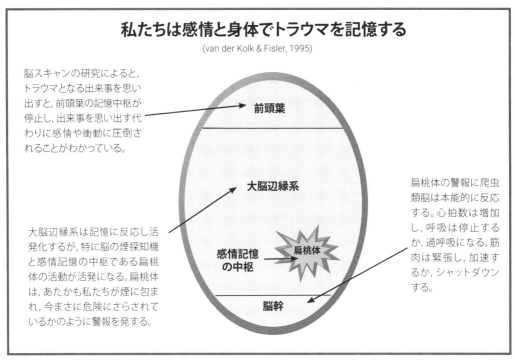

図 2.2　トラウマを受けた脳：トラウマを記憶する方法

当てるのではなく，あらゆる思考，感情，身体反応などの非言語の記憶に好奇心を持つようにしましょう。ここでヒントを出しましょう。感情や反応が苦痛に満ちたものであったり，混乱したり，圧倒されるものであったら，それは感情記憶か，身体記憶である可能性が高いのです！

　多くのトラウマサバイバーは，出来事全体を覚えていないとき，または記憶が断片的か，不明瞭か，あるいは出来事全体でなくわずかな映像しか出てこないとき，不快感を覚えます。時には自分自身を疑い，「何が起こったのか正確に覚えていないのだから，そんなことは起きたはずはない」，「作り話に違いない。さもなければもっとはっきり覚えているはずだ」と考えることもあります。先週末にしたことの記憶のように，言葉で説明できる明確な物語を期待しているのです。トラウマは脳に影響を及ぼすので，他の出来事と同じように思い出すことができないことを，知っておくことが重要です。自分の記憶や直感を疑いたくなったときは，出来事を物語として思い出すことだけが，記憶の方法ではないことを思い出してください。自分が思っている以上に，実はたくさんのことを覚えているかもしれないのです！

トリガーとトリガーされたときの反応を認識し始めること

　苦痛の感情，否定的な考え，身体的な反応を記憶として含めると，驚くほど多くのことを記憶

していることに気づくでしょう。いつトリガーされるのか，またはいつ自分の感情や身体の記憶を思い出すのかを認識し始めることは，だれにとっても，自分が誰で，どこにいるのかを知るのに役立ちます。あなたは「怖がり屋」ではないのかもしれません——ただおびただしい恐怖の記憶を体験しているだけなのかもしれません。あなたは「怒りっぽい人」ではないのかもしれません——不当な扱いや拒絶によって引き起こされる怒りの記憶を持っているだけなのかもしれません。

> トリガーとなるものと，あなたの中でトリガーされた反応——つまり感情や身体の記憶——の関係を理解するために，記録をすることから始めましょう。「**ワークシート 5：トリガーとトリガーされたときの反応を認識する**」を使って，毎回リストアップしてください。これは，多くの人が手元に置いているワークシートです。手元に置き，予期せぬトリガーに遭遇したときに記入してみます。覚えておいてほしいのは，あなたは決して好んでトリガーされているわけではないということです。それはただ，あなたに起きていることに過ぎないのです。

　時間が経つにつれて，あなたはパターンを見出すはずです。たとえば，権威を持つ者の存在，愛する人との別離，突然の物音，不公平や無礼，暗闇，孤独などが頻繁にトリガーになっていることに気づくかもしれません。圧倒されたり，絶望したり，無感覚になったりしたときは，何かがトリガーになっているのだと考えてみてください。たとえ今は理解できなくても，自分が感じていることには意味があると思えば，自分を疑ったり，自分が感じていることを「おかしい」と恥じることが減るでしょう。そして，トリガーに気づくことができる可能性が高くなります。自分が感じていることの中から，トリガーかもしれない微妙な手がかりを探してみてください。たとえば，トラウマサバイバーにとって大きなトリガーとなるのは，失望すること，「嫌だ！」と言われること，無理解，待たされること，無視されること，注目されること，信じてもらえないこと，真剣に受け止めてもらえないこと，などがあります。多くのトリガーは逆説的でもあります。たとえば，ひとりになることがトリガーになるけれども，他の人と一緒にいることもトリガーになることもあります。良いことであれ悪いことであれ，予期しない変化はしばしばトリガーになります。たとえなぜトリガーになったのかわからなくても，トリガーのパターンが見えてくれば，自分のストーリーをより理解できるようになります。

　トリガーされた感情を，人生の中の特定の出来事と結びつけるのはやめましょう。感情記憶は，ひとつの出来事だけでなく，多くの経験の総体である可能性があります。ですから，特定の出来事を思い出せば，さらにトリガーされ，強烈さが増す可能性があります。ただ，自分がトリガーされ反応していることを認め，トリガーされるというのはトラウマに関連した感情や身体記憶を経験しているのだと知るほうが，より助けになることでしょう。

　ワークシート 5 を使えば，今度はトリガーを予期できるようになります。権威的な人物がトリガーになるのであれば，そのような人物に遭遇したときのために，あらかじめこころの準備をしておくことができます。もし，数時間あるいは数日でも，誰かがいなくなることがトリガーになるなら，いなくなることを予期して，その際に自分をサポートする備えをしておくとよいでしょ

う。この後の章では，自分自身を落ち着かせ，なぐさめ，活力を与え，サポートする方法をいくつか紹介します。

トリガーとトリガーされた反応に対処する

　トリガーにまつわる最も問題になる点は，それが実生活上の知覚に与える影響です。アニーの例をみてみましょう。

　　　夫と成長した息子と一緒に住んでいる家に車で帰るたび，アニーは恥ずかしさによる顔の紅潮と，胃のちょっとした痛みを感じました。友人や知人からアニーの家で会おうと誘われると，つい慌てて「だめ！」と言ってしまいます。誰かに自宅を見られること自体が彼女にとって屈辱だったのです。それが，まさかまったく違う家を思い出していただけだったとは思いもよらぬことでした。彼女が子どものときの家は，その内部のカオス状態を反映して，荒廃し明らかに手入れされていませんでした。アルコール依存症の母親は尊敬される職業人でしたが，家庭に暗い秘密があるのが通りすがりの人には丸見えでした。内部はもっとひどいものでした。洗っていない食器，汚れた洋服，4人の子どもたちは近所の教会から寄付された不揃いでサイズの合わない服を着ていました。30年経っても，彼女の家を見ている人のことを考えたときの恥と警戒の気持ちは，あたかも現在の家に対する現実的な感情記憶のごとく存在するのです。今の家の温かさ，心地よさ，その魅力，手入れの丁寧さに，彼女が気づくことはありません。自分の家を，「私は失敗した，何も変わっていない，人より劣っている」という結論に導く感情記憶を通して見ているのです。

　この例からも，なぜトラウマサバイバーにとって，トリガーされた徴候に気づくことが重要なのか，おわかりになったでしょう。私たちがどこにいるのか，そしてトラウマがあったにもかかわらず私たちがどんな人物になったのかを知るためには，今，ここでの感情的な反応と，感情記憶や身体記憶とを区別する方法を学ぶ必要があります。自分やその周りの人が安全であることを知るためには，区別をしなければなりません。そうしないと，私たちは自動的に，トリガーにならない人を信用し，トリガーになる人すべてに不信感を持つようになります。恥を，記憶として理解するのではなく，自分自身の真実だと信じるようになるのです。恐怖を，自分が安全ではないというサインだと解釈してしまうのです。アニーが，現在の自分の家を見て，そこが安全な場所だと知り，感じ，それがトラウマからの回復の旅を反映していることに理解するまでに，30年以上もかかったのです。

　　　トリガーされた感情や知覚を認識する練習をするには，「ワークシート6：トリガーされたとどうやってわかるか？」を試してみましょう。トリガーされたときのサインを認識することは自分の現実を知るのに役立ちます。私はトリガーされているのか，それとも私は本当に危険なのか？　私はトリガーされているのか，それとも恥の感情が自分を価値のない存在だと思わせているのか？　自分がトリガーされたことを認識するのは，自分の感情を重要でないものとすることでは決

> してありません。私たちの感情が，トリガーされたものよりもはるかに悪いもの
> を記憶していることを意味するのです。

　時には，驚愕させられた，怒鳴られた，恥をかかされた，批判された，無視された，拒絶された
など，誰もが嫌がるようなことがトリガーになることがあります。このようなことが起こると
誰でもある程度の苦痛を感じますが，サバイバーにとってはこうした出来事が，「ダブルパンチ」
になります。他の人と同様に，起こったことに当然動揺し苦痛を感じると同時に，そのことがト
リガーにもなるために，影響が倍増してしまうのです。たとえば屈辱的な出来事がトリガーと
なった場合，屈辱的な感情が，圧倒的で，身動きも取れないほどの恥辱に変わるといったように
です。

　さらに悪いことに，トラウマを受けた人の多くは，自分のいかなる感情を感じるだけでも，ト
リガーされることがあるのです。トラウマ的な環境では通常，苦痛を示すことは子どもの安全を
脅かすため，動揺や涙を見せることや怒り（あるいは，この3つ全て）もトリガーとなることが
あります。

　多くのトラウマサバイバーにとって難しいのは，感情記憶や身体記憶が，記憶として感じられ
ないことです。恥は，今まさに現実のものとして感じられます。恐怖は，今まさに安全でないと
感じさせます。「心配しないで，それは記憶で，思い出しているだけだから大丈夫」という言葉
は，残念ながら通用しないのです。トラウマ分野の先駆者の一人であるベッセル・ヴァン・デ
ア・コークは，「私たちは何よりも，患者が現在を完全かつ安全に生きられるように，手助けし
なければならない」（van der Kolk, 2014, p. 73）と，セラピストに念を押しています。過去にア
クセスするのはいとも簡単です。なぜならトリガーがあれば，すぐにでもできるからです。トラ
ウマサバイバーにとって難しいのは，今，ここにいることなのです。回復のために必要なステッ
プは，自分が過去にいるのではなく，今，ここにいることを身体に覚えさせることであると考え
てください。そして，次の章で解説しますが，脳がそれを助けてくれるのです。

自分の脳を知る

　脳の各部分があなたの日常生活にどのような貢献をしているかを図に書き込んでください。あなたの思考脳はリソース（資源）かもしれませんが，堂々巡りの思考が止まらないものであるかもしれません。あなたの感情は強みかもしれませんが，あなたを圧倒させてしまうものかもしれません。爬虫類脳は過剰に反応するものかもしれませんが，凍りついて行動したいときにできなくさせるものであるかもしれません。

　気づいたことは何でも書き留めてみましょう。

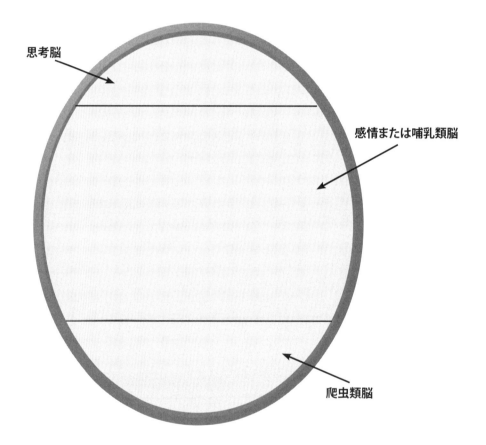

思考脳

感情または哺乳類脳

爬虫類脳

　あなたのどの脳の部分が，リソースとなっていますか？
　あなたに苦痛をもたらしたり，最も大きな問題を引き起こす部分はどこですか？

三位一体脳モデル（McLean, 1967）

ワークシート **4**
脳はトラウマをどのように記憶しているか

あなたの脳の各部分が記憶していることを書き込んでください。**詳細まで書き込む必要はありません。**たとえば,「起こったことを覚えている」,「子どもの頃のことを覚えていない」,「何の感情もなく話すことができる」,「圧倒的な感情や反応しかない」など,いくつかの言葉と短文で構いません。

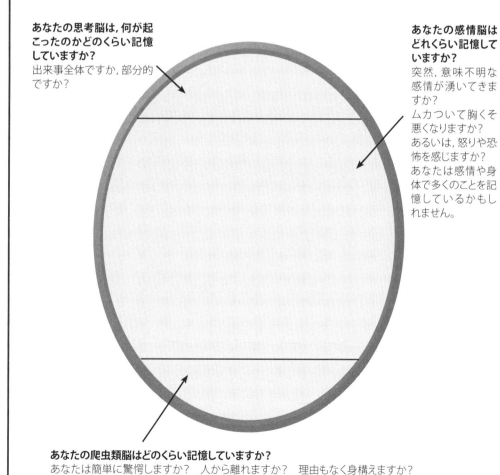

あなたの思考脳は,何が起こったのかどのくらい記憶していますか?
出来事全体ですか,部分的ですか?

あなたの感情脳はどれくらい記憶していますか?
突然,意味不明な感情が湧いてきますか?
ムカついて胸くそ悪くなりますか?
あるいは,怒りや恐怖を感じますか?
あなたは感情や身体で多くのことを記憶しているかもしれません。

あなたの爬虫類脳はどのくらい記憶していますか?
あなたは簡単に驚愕しますか? 人から離れますか? 理由もなく身構えますか?
麻痺状態になりますか? 心臓がドキドキしますか?

ワークシート **5**

トリガーとトリガーされたときの反応を認識する

　トリガーされたなと気づいたら，自分の反応（感情，思考，身体反応）を書き込んでください。その強烈さ，その直前に起こったこと，どのように対処したかを書き込みましょう。無視しようとしましたか，それとも抑えようとしましたか？　自分やトリガーを批判しましたか？　ここでは自分を責める必要はありません。ただ気づいてみましょう。

日付，時間，状況	トリガーされたときの感情，思考，身体感覚	強烈さ：0-10	トリガー：直前に何が起こったか？	対処：対処するために何をしたか？

ワークシート **6**
トリガーされたとどうやってわかるか?

　トリガーされたときのサインを認識することは，自分の現実を知るのに役立ちます。私はトリガーされたのでしょうか，それとも本当に危険にさらされているのでしょうか？仕事を辞める必要があるのでしょうか，それともただトリガーされた体験をしているだけなのでしょうか？　トリガーされたことを認識することは自分の感情が重要でないことを意味するのではありません。それは，私たちの感情が，トリガーとなったものよりもはるかに悪いものを記憶しているということです。

　あなたが認識しているトリガーされたサインをチェックしてください。

☐ 震え，ゾワゾワする	☐ 逃げ出したい
☐ 圧倒されるような感情	☐ 歯ぎしり
☐ 呼吸困難	☐ 耐えられないと感じる
☐ 身体が崩壊しそうになる	☐ 恐怖，パニック
☐ "取り憑かれた" 感じ	☐ 自分を憎む
☐ あきらめたくなる，死にたくなる	☐ 他人を憎む
☐ 自分を傷つけたい	☐ 激しい怒りを感じる
☐ 酒や薬物を使いたい	☐ 恥の感情に苛まれる
☐ 膝がガクガクする	☐ 感情が状況にそぐわない
☐ すべてにおいて麻痺する	☐ 行動が状況にそぐわない
☐ 突然，激しい身体的・感情的反応に襲われる	☐ 胃が締めつけられたり，むかむかしたり，穴があくような痛みがする

　トリガーされていることに気づいたら，「これはトリガーだ，私はトリガーされている，今起こっているのはただそれだけのこと」と自分に言い聞かせましょう。

第**3**章
脳はどのように私たちの生存を助けているのか

　思いもよらない察知できないトリガーが警報となって，私たちの身体は急に身構え，驚愕反応を起こします。心拍が上昇し，同時に，思考脳つまり前頭前野がオフラインになり，考えることができなくなります。そうすれば危険が迫っている最中では，素早く本能的に反応できるからです。思考脳がなければ，一歩下がって状況を判断することも，最善の選択肢を考えることもできません。緊急事態には考えている暇などありません。生存の危機に直面しているときには，本能こそ良いものであり，速く対処できるのです。しかし，脅威が去った後，過去のトラウマを癒すためには，マインドフルな気づきや考える能力が必要になります。

　しかしながら，脳と身体が日常生活のなかでも危険にさらされているかのように反応し続けていることで，気づきを働かせることは難しくなります。何年か経って，世界が安全になっても，何らかのきっかけで内部警報システムが作動して緊急反応が起こるのです。このような体験が毎日続くと，トラウマサバイバーは圧倒されて混乱してしまいます。「なぜ自分はこんなに怒っているのだろう？　なぜこんなに怖いのか？　どうしてこんなに恥ずかしいのか？」と不思議に思うことになります。そして到達する最も一般的な結論は，「自分には何か問題があるんだ」ということになります。すると，恥にさらに苛まれ，注目されることが怖くなり，防衛的になります。または「家庭／仕事／友人／パートナー／生活に何か問題があるんだ」と思い，不安や怒り，恥，絶望が増します。当然のことながら私たちは，不快感が増せば増すほど衝動的になっていきます。

　トリガーは，私たちが到達した自動的な結論と同様に，思考脳を不活性化させ，爬虫類脳を本能のままに作用させます。そして，爬虫類脳が得ようとしているのは何でしょうか？　安らぎと，安心の感覚です。手っ取り早く安らぎを得たいという衝動は，自分の行動の結果を判断する能力を失わせ，個人をさらなる危険にさらし，ますます悪循環に陥ります。

　この悪循環は誰にも罪がありません。脳と身体は，脅威とされたことに反応しているだけなのです。私たちは意識的に思考し計画する力を失うことを**選択**しているのではなく，自動的にそうなってしまうのです。

癒しと思考脳

思考脳は，単に明晰に考え，適切な判断を下せるようにするだけではありません。癒される

——つまり今，自分は安全であると感じ，知る——ためには，観察し，内省し，自分や他人のことを俯瞰でみて，好奇心と思いやりにアクセスできるようにする，前頭前野の活動を回復させる必要があります。叡智は脳のこの部分を必要とします。私たちが「賢明なこころ」という表現をするとき，それは実は額の真ん中のすぐ後ろにある，内側前頭前野のことを指しているのです。そこの仕事は，環境や自分，周りの人を観察して，文字通り全体像を把握することです。私たちは瞑想するとき，何かに気づくとき，何か特定のものに集中するとき，そして精神的に落ち着いて物事を俯瞰して見るときに，脳のこの部分を使うのです。また，脳の他の部分からの情報を統合する働きもあります。たとえば，「緊張している」と思ったら，膝が震えていたり，心臓の鼓動が速くなっていたりすることに気づくことができるでしょう。

　そして何より，内側前頭前野または「賢明なこころ」は，扁桃体を落ち着かせる効果があります。扁桃体は，トラウマに関連した感情や身体の記憶が保持されたり記銘される，感情記憶の中枢と考えられている構造体です。扁桃体はまた，脅威がないか環境を見張る役割も果たしています。私たちが「賢明なこころ」を働かせると，身体と神経系に「今，ここは安全だ」という信号が送られ，扁桃体の活動は自動的に低下します。扁桃体は，トーストが焦げているだけなのに作動してしまう家の煙探知機のようなものです。内側前頭前野を活性化させると識別能力が高まり，扁桃体の活動が抑制され，単にトーストが焦げている匂いだと認識して，脳の煙探知機は鳴り止むのです。

　図3.1を見れば，思考脳が自動的なトラウマ的反応を変えるのに役立つことがわかると思います。爬虫類脳や感情を制御することはできなくても，思考脳を利用して身体や神経系を落ち着かせることができるのです。思考脳の観察力を働かせ，過去と現在を区別する能力を使うのです。

トラウマ的出来事が終わったと，どのようにわかるのか？

　トラウマ的な状況では物事が急速に進み，その激しさに圧倒されます。思考脳がシャットダウンされるので何が起きているのか理解できません——そのため多くのサバイバーは，出来事は終わったのだという実感が持てないのです。実際にはもう終わっているのに，「過去のことだ」という感覚がわきません。もう安全であることを確認する方法は，安堵感を感じて身体感覚として安心を感じるか，または安全か危険かを理性で査定するかのみです。しかし，脳内の警報装置が作動して，あたかも今，脅威が存在しているかのように反応していると，私たちは安全でないと感じ続けることになります。

　このしくみが原始時代の先祖たちの生存を助けたことは容易に想像できます。脅威を感知することに長けた脳と身体を持つことは，危険に対して過剰に反応し，過小に反応しないことを意味します。第1章で学んだように，原始人たちは直面する無数の脅威に十分に対応できなかった場合は生き残る可能性は低くなり，過剰に反応した場合は警戒態勢がとれて，防御の準備ができるのです。「脳の否定的バイアス（Hanson, 2013）」は，私たちを危険から守り続けてきました。しかしその影響は，出来事が終わってから何年も，いや何十年もトラウマサバイバーを悩ませることになります。

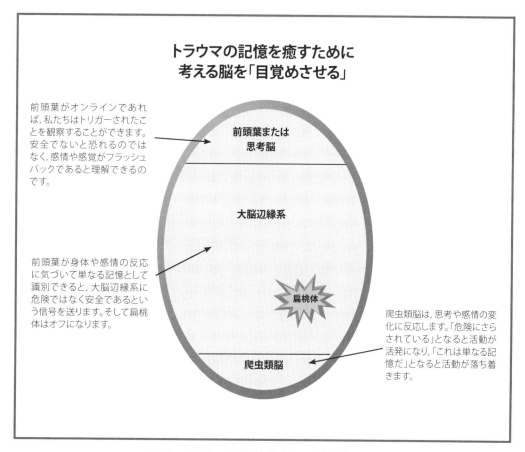

**トラウマの記憶を癒すために
考える脳を「目覚めさせる」**

前頭葉がオンラインであれば，私たちはトリガーされたことを観察することができます。安全でないと恐れるのではなく，感情や感覚がフラッシュバックであると理解できるのです。

前頭葉または
思考脳

大脳辺縁系

前頭葉が身体や感情の反応に気づいて単なる記憶として識別できると，大脳辺縁系に危険ではなく安全であるという信号を送ります。そして扁桃体はオフになります。

扁桃体

爬虫類脳は，思考や感情の変化に反応します。「危険にさらされている」となると活動が活発になり，「これは単なる記憶だ」となると活動が落ち着きます。

爬虫類脳

図 3.1　トラウマの影響を癒すために脳を利用する

　おそらく原始時代には，安全な感覚の中でリラックスすることが危険だったため，身体の緊急ストレス反応は極端な作用しかできなかったのです。そのギアはたったの2段階しかありませんでした。「座っていないで何かしろ！（可動化）」と「動いてはいけない，危険だ！（不動化）」です。それぞれが自律神経系の異なる枝，つまり私たちの感情，身体的反応，衝動を制御する脳のシステムによって駆動されます。この2つの神経系はそれぞれ異なる反応をして，私たちが生き延びるための選択肢を増やしてくれるのです。

　図3.2にあるように，私たちが危険にさらされたとき，まず交感神経系が直ちに動員されます。心拍数が上がり，筋肉組織への酸素供給が増加します。私たちはエネルギーの高まりを感じ，考える脳を含む身体の他のシステムは停止し，すべてのエネルギーは闘うこと，逃げること，身をかわすこと，あるいは視界から消えることに集中されることになります。

　そして，2つの条件が揃うと副交感神経系が活性化されます。闘争・逃走が危険な場合，あるいは追い詰められた場合，副交感神経系が防衛的な衝動のブレーキとなり，受動的で従順な状態になるのです。私たちは「死んだふり」をすることもあります。そして，危険を切り抜けて脅威が去ったら，副交感神経系は私たちを休ませ，傷を舐め，回復させてくれます。

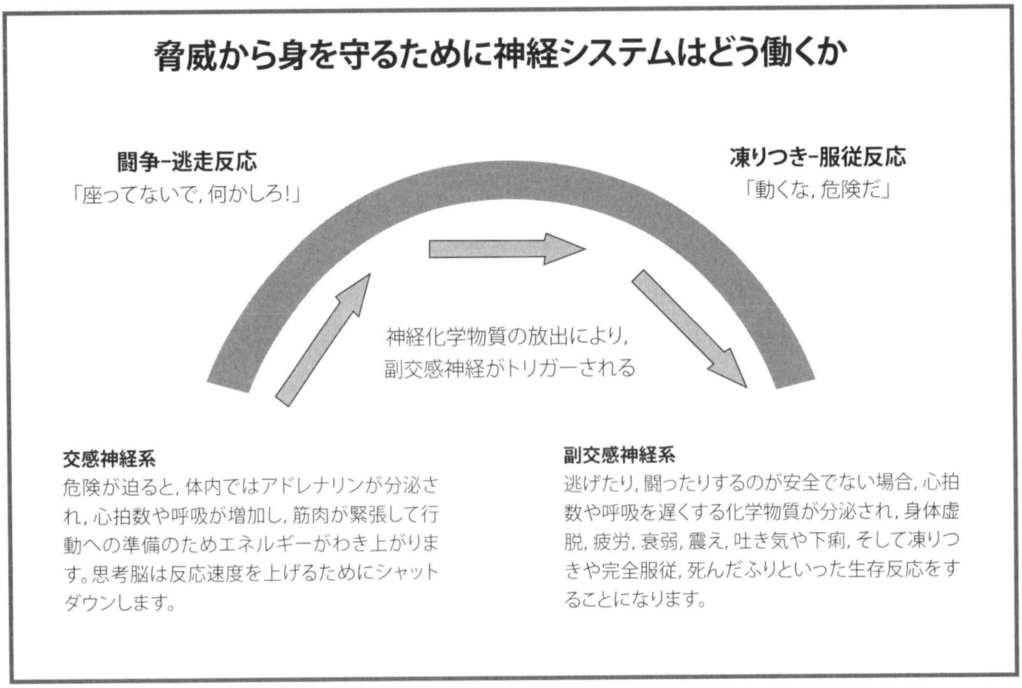

脅威から身を守るために神経システムはどう働くか

闘争−逃走反応
「座ってないで, 何かしろ!」

凍りつき−服従反応
「動くな, 危険だ」

神経化学物質の放出により,
副交感神経がトリガーされる

交感神経系
危険が迫ると, 体内ではアドレナリンが分泌され, 心拍数や呼吸が増加し, 筋肉が緊張して行動への準備のためエネルギーがわき上がります。思考脳は反応速度を上げるためにシャットダウンします。

副交感神経系
逃げたり, 闘ったりするのが安全でない場合, 心拍数や呼吸を遅くする化学物質が分泌され, 身体虚脱, 疲労, 衰弱, 震え, 吐き気や下痢, そして凍りつきや完全服従, 死んだふりといった生存反応をすることになります。

図 3.2　神経系は私たちをどのように脅威から守るのか

「ワークシート 7：過去と現在を区別する」を使うと, 自分のこころと身体が過去にいるのか, 現在にいるのかに気づくことができます。今, ここにいて「過去の瞬間」を体験すると不快を感じますが, 別に危険なわけではありません。危機の中にいるのではなく, 思い出しているだけであることがわかるからです。

　子どもたちは, ほとんど凍りつきと「死んだふり」の反応に依存します。虐待を受けた妻, 戦争の捕虜や人質も同様です。力の弱い人が逃げたり戦ったりするのは安全ではありません——それは単に危害のリスクを高めます。そして人間の身体と脳は, その瞬間に最も合った生存反応を本能的に選択するようにできているのです。

　「なぜあのとき, 反撃しなかったのだろう？」と思ったことはありませんか？　その答えは, 「あなた」はその決断をしていないということです。あなたの身体と脳が, 闘うのは危険だと判断したのです。あなたの思考脳はオフになり, 身体が本能的に取るべき行動を決定したのです。

　「ワークシート 8：神経系はどのように私たちを守るか？」, を使って, どのようにあなたの神経系が働くかを観察してください。あなたの気づきは, 今の自分の行動や反応を理解するのに役立つだけではありません。こうしたパターンは, あなたがどのように生き延びたかについてより多くを語ってくれています。

トラウマ後の症状は，私たちのトラウマの歴史をどのように反映しているか

　PTSD（心的外傷後ストレス障がい）の原因は，危険が去った後も，私たちの神経系が命を守ろうとし続けることにあります。私たちがトリガーされると，交感神経が活性化し，身体とこころに警報を出します。「警報です！　危険に注意してください！」。それにより身体的エネルギーがほとばしり強い本能的衝動が起こって，そして超人的な強靱さも行使できるのです。しかし，行動するのが危険だった場合，身体は交感神経の覚醒を脅威として認識し，副交感神経系が自動的にブレーキを踏むように動員され，私たちの動きを激しく停止させる可能性があります。そうして何年経っても副交感神経系が優位なままだと，人はエネルギーも意欲も自信も失われた状態のままとなります。

　自分の脳や身体がある種の感情や反応を引き起こしていることを知らずに，また，トラウマがこうした反応をするように神経系を条件づけていることを知らずに，トラウマサバイバーは自分を責めます。そして考えます。「なぜか気分が落ち込むのだろう——なにも落ち込むようなことはないのに」，「私はただの怒りっぽい人間だ」，「どうして何もかも怖いのかわからない——私はただの臆病者だ」と。こうした問題について自分を責めることは，さらなるトリガーとなります。状況をいっそう悪化させるだけなのに，こうした問題を解消しようと駆り立てられます。私たちは，今はほとんど危険のない世界を生きていますが，脅威に対して反応する神経系を持っています。その生存反応は，トラウマの生ける遺産を私たちの身体の中で活発に駆動させ続けるのです——もはや必要がなくなっているとしても。

　図3.3 は，慢性的あるいは反復的な脅威への自律神経系の活性化の一般的なパターンです。この図を見ながら，どのパターンが自分にとって最も馴染み深いものであるかに気づいてみましょう。今日の生活の中での，環境や通常のストレスに対する神経系の反応は，あなたがかつて直面したトラウマ的な状況にどのように動員されたかを反映し，あなたの生存のストーリーを語っているのです。あなたは常に警戒し，緊張し，恐れ，反応的になることで生き延びてきたのでしょうか？　それとも，シャットダウンし，無感覚になり，ぼーっとしてしまうことで生き延びたのでしょうか？　逃げたり，闘ったりしたほうがよかったのでしょうか？　それとも，虚脱して受け身になったほうがよかったのでしょうか？　あなたの身体は，たとえ今はそれが役に立たなくても，当時何が一番安全だったかを教えてくれているのです。この図は，耐性領域から外れたときに気づくためと，ペースを落とすかそれとも上げるかを思い出させてくれるものとしても使えます。

> 　**「ワークシート 9：トラウマと耐性領域」**は，トラウマが去った後も交感神経と副交感神経系がどのように反応し，それが自分の感情や行動にどのような影響を与えるのか，そしてどの程度まで耐性領域を広げる必要があるのかを教えてくれます。多くの場合，交感神経と副交感神経の反応は予測可能な形で起こります。ある種の状況がどちらかの反応を引き起こし，また，ある他の状況は耐性領域を広げるのに役立つ肯定的なトリガー（訳注：グリマーと言われることもある）となります。ワークシートにそれらの情報も含めておくと，トラウマに関連するト

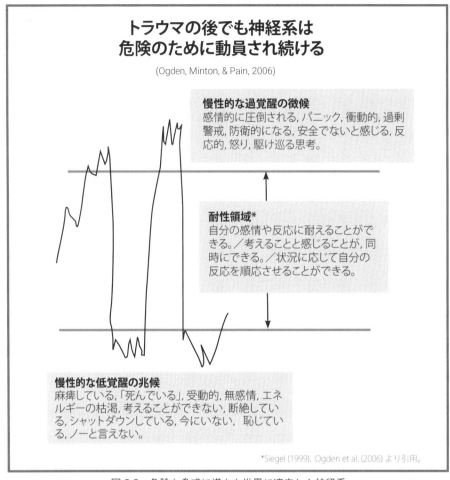

図 3.3　危険と脅威に満ちた世界に適応した神経系

リガーを予測し，肯定的なトリガーを探し出すことができるようになります。

　自分の神経系がどのように反応するかは，「あの時」は自分ではどうにもできなかったことを思い出してください。脳は状況を意識するずっと前に反応し，トカゲと同等以上には，本能的な反応を制御することはできないのです。神経系の記憶や生存反応として，こうした状態に気づく能力を高めることは，より耐えられる領域へと向かうことにつながります。なぜ自分が麻痺したり，驚愕してしまったりするのか見当がつかないと，自分の反応をさらに警戒し，さらに恥じてしまうでしょう。

　なぜこのような反応が起こるのかについての気づきがないまま，自分の反応を食い止めようと躍起になり，明晰に考えることができず，多くのトラウマサバイバーは衝動的に行動してしまうのです。自分の行動の結果を気にかけるには，思考脳と，考える時間があるという感覚が必要なのです。トラウマサバイバーがトリガーされたときに取る必死の手段は，ワーカホリックや完璧主義から，食べ物やアルコールの過剰摂取，重度の薬物乱用，強迫的な自傷，生命を脅かすよう

な摂食障がい，自殺衝動やその実行など，非常に多岐にわたります。次章では，最初は身体に大きな安心感をもたらしたものの，やがて生命や安定を脅かすようになるこれらの行動パターンを理解し取り組むための方法を，検討していきましょう。

42

ワークシート **7**
過去と現在を区別する

　過去に関して反応していることを認識することで，（トリガーされてはいるが）今自分が安全なときと，本当に危険なときを区別することができます。そうすると絶望や恐れ，怒り，落ち込み，自分のことをおかしいと感じることが少なくなります。そして，私たちがいつのことを思い出しているのか，知覚するのに役立ちます。苦痛を感じたときはいつでも，このワークシートに記入して，何が起こっているのか調べてみてください。

時間帯	何をしているか？	どんな感情や感覚に気づいているか？	このように感じるのは，どのような信念によるものだと思うか？	このような考えや感情は，現在と過去のどちらでより意味を持つのだろうか？

　起こった感情が，今よりも過去において意味を成すことに気がつくと，何が起こるでしょう？

ワークシート **8**

神経系はどのように私たちを守るか？

　あなたの神経系の働きについて説明してみましょう。トリガーされたとき，交感神経はどのような働きをしますか？　あなたの闘争，または逃走反応はどのようなものですか？　副交感神経系はどのような働きをしますか？　どちらがより身近に感じられますか？

闘争-逃走反応	凍りつき・服従反応

神経化学物質放出が
副交感神経系をトリガーする

交感神経	副交感神経系

ワークシート **9**
トラウマと耐性領域

　自分自身で気づくことができた過覚醒・低覚醒の徴候に○をつけ，ここに書かれていないものがあれば追加してください。そしてこうした状態を誘発させると思われるシチュエーションを書き込んでください。たとえば，過覚醒になるのは一人でいるときですか，それとも人と一緒にいるときですか？　仕事をしているときは，より耐性領域にとどまっていられますか？

慢性的な過覚醒の徴候 感情的に圧倒される, パニック, 衝動的, 過剰警戒, 防衛的になる, 安全でないと感じる, 反応的, 怒り, 駆け巡る思考, そして…… ＿＿＿＿＿＿＿＿＿＿＿＿＿＿ ＿＿＿＿＿＿＿＿＿＿＿＿＿＿ ＿＿＿＿＿＿＿＿＿＿＿＿＿＿	**どんなとき自分が過覚醒だとわかるか？** ＿＿＿＿＿＿＿＿＿＿＿＿＿＿ ＿＿＿＿＿＿＿＿＿＿＿＿＿＿ ＿＿＿＿＿＿＿＿＿＿＿＿＿＿
耐性領域 自分の感情や反応に耐えられる。/ 考えることと感じることが同時にできる。/ 状況に応じて自分の反応を適応させることができる。そして…… ＿＿＿＿＿＿＿＿＿＿＿＿＿＿ ＿＿＿＿＿＿＿＿＿＿＿＿＿＿ ＿＿＿＿＿＿＿＿＿＿＿＿＿＿	**どんなとき自分が耐性領域にいるとわかるか？** ＿＿＿＿＿＿＿＿＿＿＿＿＿＿ ＿＿＿＿＿＿＿＿＿＿＿＿＿＿ ＿＿＿＿＿＿＿＿＿＿＿＿＿＿
慢性的な低覚醒の兆候 麻痺している, 「死んでいる」, 受動的, 無感情, エネルギーの枯渇, 考えることができない, 断絶している, シャットダウンしている, 今にいない, 恥じている, ノーと言えない, そして…… ＿＿＿＿＿＿＿＿＿＿＿＿＿＿ ＿＿＿＿＿＿＿＿＿＿＿＿＿＿ ＿＿＿＿＿＿＿＿＿＿＿＿＿＿	**どんなとき自分が低覚醒だとわかるか？** ＿＿＿＿＿＿＿＿＿＿＿＿＿＿ ＿＿＿＿＿＿＿＿＿＿＿＿＿＿ ＿＿＿＿＿＿＿＿＿＿＿＿＿＿

第**4**章
トラウマ後の対処における課題

　何の助けも，保護も，そして慰めもない脅威の世界では，子どもたちは自らの身体の限られた
リソース（資源）に頼り，圧倒される状況や耐え難い感情を処理しなければなりません。出生時
は身体も神経系も未熟なので最もリソースが少ないのです。しかし赤ちゃんでさえも解離したり，
虚脱や麻痺などの副交感神経系優位の状態になることができます。幼児や就学前の子どもには，
もう少し選択肢があります。食べ物で気持ちを落ち着かせたり，自慰行為で快感を得たりするこ
とができるのです。また，多動や危険行動によってアドレナリンの分泌を刺激することもできま
す。学童期や思春期初期になると，さらに多くの選択肢が生まれます。食べ物を制限したり，食
べ吐きをしたり，強迫的な行動パターンを持ったり，性的な行動化をしたり，身体をつねったり
引っ掻いたり，さらには希死念慮を持つこともできるようになります。自己破壊的でない対処法
もまた発達します。本や空想に没頭する，親のような世話焼き行動をする，学業やスポーツで過
度に達成感を求める，などがあります。
　思春期真っ盛りになると，身体の強さと能力が高まるためさらに新たな調整手段の選択肢が生
まれてきます。もちろん家出も選択肢のひとつになります。10 代の若者たちはタバコやドラッ
グを手に入れられるようになり，性的に奔放になったり，より深刻な摂食障がいへと移行したり，
自殺衝動に駆られ実行に移すような力を持つようになります。機能していないか未熟な前頭前野
によって制御されないまま，他者への攻撃的行動や自傷行為などが可能な身体を持つようになる
のです。「絶望的な時は最終手段を必要とする」という言葉もあるように，トラウマを抱えた子
どもが大人になる頃には，自己破壊的な手段が常習化したパターンになっていることが多くあり
ます。「私が感情への対処法として，＿＿＿＿＿＿＿＿＿＿＿＿を手段とし始めたのは何歳だった
のだろうか？」と，自分に問いかけてみてください。

トラウマを抱えた神経系を調整するための捨て鉢な努力

　嗜癖，摂食障がい，自己破壊行為などはすべて，人体に神経化学的な反応を引き起こします。
ここで，トラウマサバイバーがトラウマの反応を調整しようとする一般的な方法をいくつか詳し
く見てみましょう。
　自傷行為（切る，頭を打つ，壁を殴る，あるいは自分を殴る）は，アドレナリンとエンドル

フィンという痛みを軽減する2つの神経化学物質の産生を促すことによって，身体に素早い安らぎをもたらします。前章で述べたように，アドレナリンはエネルギーの急上昇と肉体的な強さを感じさせるとともに，「冷静沈着」という表現がぴったりの集中状態を誘発します。最大のパフォーマンスを求められる仕事に就く人のほとんどがそうであるように，医師，看護師，救急救命士は皆，仕事をうまくこなすためにアドレナリンに助けられています。エンドルフィンは，リラックス，喜び，痛みの緩和に関連する神経化学物質であり，「幸せの化学物質」です。自傷行為によってもたらされるこの2つの化学反応の組み合わせが，個人が感じる非常に即時的かつ完全な身体的および感情的な安らぎの原因なのです。

食事制限をすると，身体はケトン体質と呼ばれる神経化学的状態になり，感覚がなくなるだけでなく，エネルギーが増大します。拒食症の人が食事を摂っていなくてもジムで何時間も運動できるのはこのためです。一方，やけ食いや過食は，いずれも感覚を麻痺させてリラックスさせる効果があります。

薬物（違法薬物でも処方薬でも）は，鎮静や麻痺，刺激，強靭さやコントロール感の増大など，さまざまな作用を引き起こします。アルコールは，少量であれば軽い興奮，多量であれば弛緩を誘発し，不安と抑うつの両方を経験しているトラウマサバイバーにいくらかの安らぎをもたらします。マリファナは，特に1日中一定の間隔をあけて摂取することで，低覚醒の状態や麻痺の状態をもたらす役割をします。

強迫性の多動，ワーカホリック，さまざまな種類のリスクの高い行動も，アドレナリンの分泌を促す傾向があります。一方ベッドにひきこもり活動を抑制することは，頭のボーっとした感じや麻痺を増やす傾向があります。

薬物使用が乱用に，自傷行為が自殺行為になるずっと前に，トラウマサバイバーは，自分が選んだ薬物や行為によって症状を成功裏に管理し，世の中で機能することができるのを学んでいます。私が「成功裏に」という言葉を使ったのは，薬物使用，摂食障がい，自傷行為によってある程度症状が緩和されれば，自殺や機能喪失，社会的ひきこもり，その他トラウマを受けた人によくある多くの問題を防ぐことができるからです。

図4.1は，安らぎを得るために過覚醒や低覚醒に対処する本能的な方法を示しています。これらの行動は，一時的な偽りの耐性領域を提供し「私はどうにかできる！」という感覚を与えますが，それは時間制限があり幻のようなものなのです。

> 自分が神経系を調整することをどう学んだかを探るために「**ワークシート10：トラウマを受けた神経系にどのような調整を試みているか？**」を見てみましょう。あなたはどのように神経系や苦痛の感情を取り扱っていますか？　あなたが気分を良くするために一番「お気に入り」なのは何ですか？　トラウマの活性化をなんとかするための，その次によく使う方法はなんでしょう？　けっして自分を裁かないでください——それらの行動がどのように役立っているのか，ただ好奇心を持ってください！　あなたが気づいたことは，あなたが自分自身を助けようとしている方法としての行動と反応を理解するのに役立ちますし，さらにあなたがどのように生き残ったかについても教えてくれるはずです。生き残るために

耐性領域が非常に狭い場合どうなるか?

慢性的な過覚醒
強烈な感情や身体の反応,自己破壊的な衝動に圧倒されると,人は即座に安らぎを得ようと飲酒,薬物使用,自傷,拒食(または過食),食べ吐き,さらには自殺企図さえもします——過度な活性化が解消され,耐性領域内にいるような錯覚ができるのです。

耐性領域の狭さ*
少しの感情や活性化でも耐えられないと感じます。

慢性的な低覚醒
何も感じず,死んでいるような,あるいは空虚感にさいなまれている人は,覚醒を得ようと覚せい剤を用いたり,自傷や食べ吐きをします。あるいは無感覚の状態を維持しようと,大麻などのダウナー系薬物を日常的に使用します。こうして,耐性領域がまがりなりにもあるという感覚が得られ,安心できるのです。

*Siegel (1999). Ogden et al. (2006) から引用。

図 4.1 トラウマサバイバーたちはどのようにトラウマを負った神経系に対処するか

は,怯え,警戒し続けることが必要でしたか? 恥じたり,人を喜ばせるのが役立っていましたか? あるいは,こころを閉ざして無感覚になることでしょうか? あるいは,常に逃げ回ることでしょうか?

アディクションや自己破壊行為の悪循環

どんなアディクションや自己破壊行動も,生存戦略として始まります。麻痺させる,侵入してくる記憶を遮断する,自己を鎮静化させる,過剰警戒を増す,抑うつから抜け出す,解離を促進する,などの方法として始まるのです。しかし,こうした強迫的行為には数分あるいは数時間後には効果が薄れるという「薬物的効果」もあり,その効果を失わないために行為や物質を繰り返さなければという必要性,緊迫感が強まるのです。繰り返し使用すると,身体には耐性がつきます。つまり,これらの精神活動の物質(アルコール,ヘロイン,あるいはアドレナリンのような体内の化学物質なども含む)は,当初の安らぎの効果を維持するために継続的に量を増やす必要があり,最終的には,身体的および感情的な禁断症状の影響を回避するために必要になってしまうのです。

身体に耐性があれば,トラウマサバイバーでもこうした手段をほどほどに,リスク低く使って,何年も安らぎを得ることができるでしょう。しかし実際は,時間が経つにつれて,摂食障がいはますます悪化し,薬物使用は乱用となり,自傷行為や念慮はよりはっきり生命を脅かすものになります。このように,物質の使用や自己破壊行動は,トラウマの症状をどうにかするための効果

的な方法として始まりますが，その後，次第にそれ自体が当初抑えようとした症状よりも大きな脅威となり，サバイバーの機能までも破壊するようになるのです。

　20代に私たちの思考脳はようやく成熟します。そうすると安全でない行動がもたらす結果を評価する能力が高まり，行動する前に考えられるようになります。しかし，こうした思考はより恥をもたらします。「なぜ，こんなことをするのだろう？　誰かが知ったら，私は批判されるだろう。やめなきゃいけない。でもやめられない！」。サバイバーはこのような対処法を使っている自分を嫌いになります。しかしやめればやめたで，もっとひどいことになります。昔は感じたり認めたりするのが危険だった感情や潜在記憶が，今でも同じように脅威の感覚を引き起こすのです――そして何としてでもそれを止めなければならないという強烈な必要性も，変わらずにあるのです。

　自らの中の強烈さのメカニズムを理解しないまま，トラウマサバイバーは「私に何か問題があるに違いない――私は欠陥品に違いない」と結論づけます。彼らの羞恥心や自責は，当然，さらに激しく耐え難い感情をトリガーします――そうするとさらにその感情を止めるために何かをしなければという焦りを起こします。彼らは今，文字通り，「板挟み状態」にいるのです。もし圧倒される感情の流れをせき止めるような行動をやめれば，その感情はさらに耐えがたいものになります。もし彼らがやめなければ，恥はさらに悪化して自己嫌悪にまで陥るのです。自己破壊的な行動が，神経系や耐え難い身体的・感情的反応を調整するための巧妙な試みであることを理解している人は，残念ながらトラウマサバイバーにはほとんどいません。

　あなたが，アディクションや摂食障がい，危険行為を用いて圧倒される感情に対処しているトラウマサバイバーである場合，トラウマとそうした問題の対処法の両方に取り組むには，本書だけでは不十分です。しかし，あなたが生き延び，適応するために学んだ方法について考えることは，重要な第一歩です。次の章では，トラウマの反応に対処するためのリスクの高いパターンについて観察し，変化をもたらすやり方に取り組みます。

ワークシート **10**

トラウマを受けた神経系に
どのような調整を試みているか?

過覚醒

　過覚醒を調整するため,どんなことをしていますか? 批判的にならずに,自分の過覚醒を鎮めたり,感情によって圧倒されるのを止めるために行うことを,すべて挙げてみてください。

_____

_____

_____

_____

_____

狭い耐性領域*
少しの感情でも耐えられないと感じる

低覚醒

　低覚醒を調整するため,どんなことをしていますか? 低覚醒になることであなたは調整されていますか? それとも,あなたが低覚醒を調整していますか? 批判的にならずに,あなたが自分を活性化させようとする方法,あるいは自分を無感覚にして切り離す方法をすべて挙げてください。

_____

_____

_____

_____

*Siegel (1999)

第**5**章
自己破壊的な対処パターンからの回復

　前頭前野や思考脳が停止しているとき，意志の力は働きません。さらに悪いことに，安全の確保，断酒・断薬，禁欲などをし始めると，過覚醒や低覚醒に余計にさらされるようになり前頭前野がシャットダウンします。摂食障がい，アディクション，自殺企図や自傷行為の安定化には，治療プログラムが不可欠です。しかし，これらの対処パターンを長期的に変えるのは，たった数週間ではもちろんのこと，数カ月かけてさえ不可能です。危険行動に対する従来の精神科入院は，危害のリスクは管理できます。しかし，トラウマ治療が提供されたり，サバイバーが新しくより適応性のある対処パターンを身につけるのを助ける結果になったりすることは，滅多にないのです。こうしたトラウマ関連のプログラムは，個人が危険にさらされている場合に必要であるため，病院や治療センターを超えた長期的なアプローチが必要なのです。

トラウマとアディクションを治療するための統合モデル

　メンタルヘルスの世界はこれまで常に分断しており，薬物乱用を公衆衛生や医療の問題として扱い，トラウマ，摂食障がい，自殺企図などを精神疾患として扱ってきました。こうした専門分野の棲み分け傾向は，援助を見つけることをさらに難しくします。多くのサバイバーは，摂食障がいの専門家と名乗る人々が，症状がトラウマ起因であるということを理解していないと訴えます。自殺企図や自傷行為をする人はトラウマ歴を聞いてもらえず，さらに悪いことに，「注目が欲しいだけだ」，「操作的だ」などと言われることを嘆きます。アディクションからの回復については，トラウマとの関連が着目されてきてはいますが，それでも「まずは依存症を治す」というアプローチを採用する傾向があります。重度のアディクションや摂食障がいについては，まず管理下に置いて思考脳を回復させる必要がある，ということに私は同意します。それなしには，トラウマやアディクションからの長期的な回復は不可能です。しかし，専門家がサバイバーの過去のトラウマを認め，トラウマと強迫的行為が互いにどのように複雑に絡み合っているかを理解すれば，おおいに回復プログラムに取り組みやすくなるのです。

　摂食障がいや薬物乱用の治療プログラムは，心理教育や枠組みを提供することで思考脳を刺激するため，当事者が日常的に参加できる場合は特に有効です。依存症のプログラムでは，断酒したばかりの人は，感情という恐怖に対峙し新しい解決法を開発することに挑戦することになり

ます。しかし，プログラムの外に出ると，トリガーとなるものを予測したり，トリガーするものを調節することは非常に困難です。このことが，アディクションや摂食障がいのプログラムを卒業したトラウマサバイバーが，高い確率で再燃する原因となっています。多くのトラウマサバイバーが，長期的な効果も得られず恥や自責感情を強めるばかりのまま，病院や，アディクション・摂食障がいのプログラムを出たり入ったりしているのは不思議なことではありません。12ステッププログラム――アルコール依存症，薬物依存症，過食症，セックス依存症，セックスと恋愛依存症の自助グループ――自体でさえ，トリガーになる可能性があります。しかしそういったものの利点は副次的影響をはるかに上回るため，私も強くお勧めしています。

　さらに私は，希死念慮，アディクション，摂食障がい，他の種類の強迫的行為とトラウマとの複雑な関係を理解しているセラピストを探すことを，サバイバーにお勧めします。セラピストの仕事は，症状に適応的な意図を探すことを忘れず，障がいやアディクションを，圧倒される感情や記憶をなんとかするための立派な試みと「捉えなおす」ことです。サバイバー本人が絶望し圧倒されていたこと，そしてこうした行動が，最初の束の間は効果を発揮していたことを理解しておくのは，回復にとって非常に重要なことです。

　このプロセスを理解することは，個人が物質の使用や身体へ危害を加えることをやめ，自己破壊的であることに深い恥を感じ始めると，さらに重要になります。しかし，恥と自己批判が前頭前野をシャットダウンし，学習する能力を低下させることを忘れないでください。逆に好奇心は，思考脳の活動を活発にし，新しい学習を促進します。ですから，まずは好奇心をもって，次のように問いかけてみてください。

- ・どのように_____（例：薬物の使用，自傷，摂食障がい）は，やり始めた時私を助けてくれましたか？　どんな効果が得られましたか？
- ・ここまでで知ったような，自分がなぜこうしたことをしてしまうのかについての理由を知らなかったとしたら，私はさらに困難が襲ったときはどう対処するでしょうか？　違う対処をしたでしょうか？
- ・物質を使ったり，自傷したり，過食嘔吐したりすることが多くなったでしょうか？　あるいは，使用する物質を変えたでしょうか？　それとも自分の神経系と感情をなんとかしてくれるような他の手段を見つけたでしょうか？
- ・（薬物などの）何かの影響下にあるとき，私は違う方法で行動化したでしょうか（たとえば，強迫的に性行為を行ったり，自殺のことで頭がいっぱいになったり）？
- ・アディクションが私の対処の能力にマイナスの影響を与え始めたのはいつですか？
- ・アディクションが悪影響を及ぼし始めた時，私は何をしましたか？

　もしかするとあなたは，拒食は結果として体重が減ったから役に立った，自傷は自分を罰したいと思っていたからよいことだった，と信じているかもしれません。しかし，これらの行動の生理学的な結果は，そういった信念を正当化するものではありません。食事制限も自傷行為も，麻痺と身体の状態の変化を誘発するから効いたのですが，それこそが私たちが注目しなければならないことなのです。行動の選択すべてが，あなたの内部の強烈な力を制御するためにあなたが試

みたものであること――たとえその試みが成功せず，その結果が格好悪いものであったとしても――を認めることが重要です。そして，素面で安定していることで安全の感覚を得られるようになるためには，個人がコントロールの感覚を感じられる新しい方法を学ばなければならないということになります。耐性領域を広げるためのスキルと，内なるリソースを獲得するのです。

　回復力のある耐性領域を育てて拡張させることと，「偽りの」耐性領域を作ることには違いがあります。それは，自己破壊的な行動や習慣性のある行動は，即時的な安らぎを与えてくれるということです。自傷行為や嗜癖行為をせずに耐性領域を広げるには，練習が必要です。しかも即効性のあるものではありません。事実，問題行為が家族に知れて治療が必要になる頃には，即時的な安らぎはたいてい失われています。症状や感情を制御する方法として最初に発見したときは，即時的な安らぎがあったかもしれません。しかし，彼または彼女が自傷，拒食，飲酒，自殺未遂を続けるうちに，アディクションが進行し，安らぎはますます遠いものになっていきます。さらに悪いことに，自己破壊行為，アディクション，摂食障がいは，ますます危険度が高くなっていくのです。

断酒・断薬／再燃のサイクル

　トラウマサバイバーが，人生のさまざまな局面におけるアディクションや自己破壊行為の役割を十分に把握したら，次に知るべき重要なアイデアは「断酒・断薬／再燃のサイクル」です（Fisher, 1999）。図 5.1 にあるように，トラウマの症状を抱えたまま断酒・断薬をすると，一連の新たな危機や症状が引き起こされる可能性があります。なぜなら，物質使用，摂食における問題行動，自殺・自傷行為によって生じた神経化学的な緩衝と，偽りの耐性領域が，完全になくなってしまうからです。ほとんどのトラウマサバイバーが非常に早い時期に繰り返し経験することは，危険行為をやめて安全を獲得するたびに，PTSD 症状が，数週間，数カ月，あるいは数日のうちに悪化し，より侵入的で激しくなっていくことです。

　もし症状が認識できる形で悪化すれば，理解しやすいでしょう。サバイバーの一部は彼らのトラウマ体験に裏打ちされたフラッシュバックや悪夢を経験し始めます。しかし多くの場合，素面になり，安全な状態を得た人々が経験するのは，イライラ，不安，反応性，脆弱性といった圧倒される感情という潜在記憶の大洪水なのです。なぜこのような感情を抱くのかがわからず（そして，言われていたように気分が良くならないことに失望したり，いらだったりして），アディクションへの渇望や自己破壊的な衝動は徐々に増加します――そしてそれははっきり認識できる形で起こるとはかぎりません。ある人は，恨みを感じたり，飲んだり自分を傷つけなければやってられないと感じたりするでしょう。またある人は，こういった感情を止めるために**何かしなければ**という切羽詰まった感じを抱く人もいるでしょう。自傷行為，摂食障がいまたはアディクションの再燃は，圧倒的な感情の流れを食い止めるための必死の行動として，頻繁に発生します。あるトラウマサバイバーは，自分の絶望の度合いを説明するのに，次のように話しました。「なぜセラピストたちは，自分の感情と向き合えと言い続けるのだろう？　あの人たちはまったくわかっていない。私にあるのは感情じゃない，津波なんだ！」。

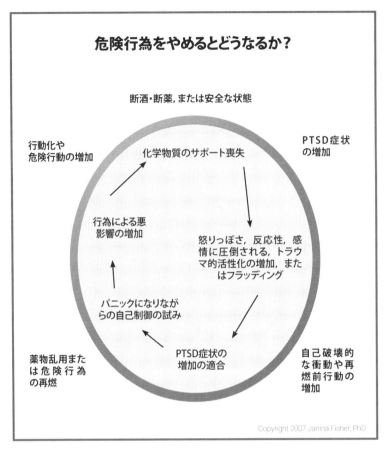

図5.1　断酒・断薬／再燃のサイクル

> 「ワークシート11：断酒・断薬／再燃のサイクルを追跡する」は，もしこうし
> たジレンマをあなたが持っているなら，とても役に立ちます。恥や自分を責める
> 傾向を避けるようにしましょう。そのかわりに，圧倒的または苦痛に満ちた感情
> を止めようとする衝動が，あなたが最善の努力をしているにもかかわらず，健康
> 的でない対処方法に引き戻す可能性があることに，関心を持ってください。

　断酒・断薬／再燃サイクルの図を使うと，自分がこのサイクルのどこにいるのかを簡単に確認
できます。「私は間違いなく圧倒されてイライラしているので，『PTSD症状の増加』の段階だわ。
それで，もうしばらくするとカミソリの刃を買いだめしたくなる……魅力的だけどあまりいい考
えじゃないわ」，「周りの人々やすべてのことにうんざりして負担に感じるようになってきた。我
慢している分，飲酒していいような気がする」，あるいは，「自分の太った姿に耐えられない……
ほとんど家と同じくらい大きくなってしまった……でも，食べてよいと言われるものばかり食べ
てられない！」など，あなたが今サイクルのどこにいようと，次に何が起こりそうかを予測する
徴候を追跡することを学べます。

　一度あなたが安全な状態，断酒，断薬を手に入れたなら，そこからはトラウマに関連した反応が増えることを予期しておくことが重要です。薬物使用，摂食障がい，自傷行為によってもたらされる神経化学的な緩衝がなければ，あなたはトリガーされやすく，より反応的で感情的になることに気づくでしょう。トラウマに関連したトリガーは，自傷，拒食，過食嘔吐，薬物使用などの衝動を非常に早く再活性化させる傾向があるので，回復を複雑なものにするのです。たとえば，多くのトラウマサバイバーは，職場においてトリガーと出会います。権力を持った人物，専断的なルールや規則，成果主義のプレッシャー，長時間労働に対する低賃金，競争力の高い同僚などです。たとえば批判的な上司によってトリガーされると，たちまちアディクションや自己破壊の衝動が引き起こされることがあります。トリガーされたあなたは，仕事を継続しなくてはならない，あるいは人に見られたくないという思いから，昼食を抜いて無感覚になろうとするかもしれません。または，怒りや不安をなんとかするために，仕事の後に男たちと飲みに出かけたいという誘惑に負けるかもしれません。

> **「ワークシート 12：サイクルを打ち破る」**を使って，自分の生活の中にあるこうしたパターンに気づき，パターンを中断し変えるための新しい選択肢を試してみましょう。

　ほとんどのアディクションや精神症状の回復モデルにおける重要な原則は，助けを求めることを学ぶことです。しかし，他人に助けを求めることは，ほとんどのトラウマサバイバーにとって，非常にトリガーになりやすいものです。なぜなら，ネグレクトされ，虐待された環境では，脆弱さを見せることはとても危険なことであったからです。アルコール依存症などの 12 ステップのプログラムでさえトリガーになることがあり，回避や再燃の衝動につながることがあります。トラウマセラピストはあなたと協力し，助けを求めるのを学ぶことによって，トリガーされた反応をなんとかするのを助けます。また，あなたの耐性領域を広げるのも助けます。しかし，もっと良いことに，最初の，そして最もアクセスしやすい助けの源は，実はあなた自身の脳の中にあるのです！

「気づきの脳」の助けを借りる

　「考えること」と「気づくこと」では，世界との関わり方が大きく異なります。自分の身体が疲れて重たいことに「気づく」ことなしに，私たちは，「今日中にこのプロジェクトを終わらせなければ」と「考え」ます――考える前から疲れて重い身体だったのに。また自責が，恥と「考えたくない」という衝動を呼び起こしているのだと「気づかず」に，「あんなこと言うんじゃなかった，つい口を滑らせてしまった！」と「考える」かもしれません。昨日起きたことや明日起きるかもしれないことについての不安に気をとられ，花や太陽，子犬，誰かの笑顔など，ポジティブな感覚に気づかないかもしれません。過去を時系列で詳細に記憶したり，まだ見ぬ未来を思い描いたりする人間のこころの能力は，恵みであると同時に災いをもたらすこともあるのです。

私たちの思考脳は，過去のことを憂いたり，未来を恐れたりして，何週間も何カ月も費やすことがあります。安心で満足感に満ちた人生の一瞬一瞬の体験から，目をそらさせてしまうことさえあるのです。

　脳の左半球は，順を追って考え，そして言葉にすることを担当しています。右半球は直感的で，非言語の反応をします。この2つの機能はどちらも重要です。私たちは，考え，計画し，経験から学び，原因と結果を結びつけ，将来にどう対処するかを予測することができなければなりません。そして論理が十分でないときは，私たちは自分の直観的反応を感知できなければなりません。トラウマはその両方を混乱させます。トラウマは思考脳を抑制し，自分の直感的な反応を恐れさせ，疑わせるようになります。

　「気づく」というのは，特異な脳の働きで，今この瞬間を意識するという活動です。過去はすでに起こったことなので，気づくことはできませんし，未来はまだここにないので，気づくことはできません。私たちが気づくことができるのは，今，この瞬間に，過去や未来について考えたときの反応だけです。しかし意識によって気づくには，前章で説明した，額の中央のすぐ後ろにある脳の部分，内側前頭前野が必要です。脳スキャンのテクノロジーは，内側前頭前野が左脳と右脳の両方につながっていて，そして感情，直観的反応，衝動に関連する下層の構造ともつながっていることを示しています。さらに重要なことですが，研究によると，人は瞑想すると内側前頭前野の活動が高まり，それに伴って扁桃体の活動が低下するというのです。前の章で，扁桃体が脅威を感知したり，感情的な記憶を保存することの2つの働きがあると述べました。扁桃体が刺激されればされるほど，私たちはより緊張し，警戒心を抱きます。さらに扁桃体が活性化すると，トリガーへの易刺激性が高まり衝動的になります。そうなるとトラウマに関連した感情や身体のフラッディング（記憶の氾濫）が起こりやすくなり，フラッディングが起こると，突然，理由もわからずに不安，絶望，恐怖，悲しみに圧倒され，その状態が数時間から数日続くことがあります。扁桃体の働きが穏やかであれば神経系はより調整され，よりストレスや感情に楽に耐えることができるようになります。扁桃体への刺激が少なくなり，耐性領域が広がると，フラッディングは自然と減少していきます。

　図5.2は，前頭前野のさまざまな領域が，私たちが1日を通して機能するのをどのように助けているかを示したものです。ワーキングメモリーは左脳の機能であり，長期記憶（事実や言語情報の記憶）やエピソード記憶（人生で起こったことの記憶）などの能力も左脳のものです。左脳のワーキングメモリー領域によって，新しい情報を留めて，他の関連する考えや言葉，経験と結びつけることが可能になります。「自分は何をしたらよいの？」と自問するとき，私たちのワーキングメモリーの中枢は，あらゆる長所と短所を考え，過去に行った同様の決定に関する情報と照らし合わせ，経験に基づいて結果を予測するように刺激されます。洞察力もワーキングメモリー領域の能力のひとつです。電話番号や，最後に車のキーをどこに置いたかを記憶することなども同様です。これらの構造は扁桃体とは直接の関係はないので，洞察によってトラウマを受けた扁桃体の活動が低下することはありません。時には洞察から，思いやりや慰めを得たり，自分が狂っているわけでも欠陥があるわけでもないと安心を得たりと，こころを落ち着かせることができますが，トラウマ的反応そのものを減少させてはくれません。

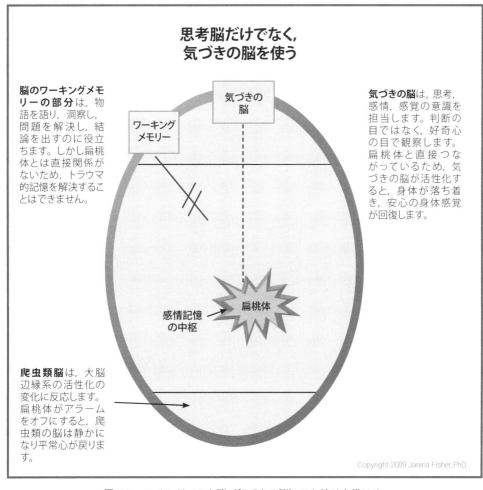

思考脳だけでなく,
気づきの脳を使う

脳のワーキングメモ
リーの部分は,物
語を語り,洞察し,
問題を解決し,結
論を出すのに役立
ちます。しかし扁桃
体とは直接関係が
ないため,トラウマ
的記憶を解決するこ
とはできません。

気づきの
脳

ワーキング
メモリー

気づきの脳は,思考,
感情,感覚の意識を
担当します。判断の
目ではなく,好奇心
の目で観察します。
扁桃体と直接つな
がっているため,気
づきの脳が活性化す
ると,身体が落ち着
き,安心の身体感覚
が回復します。

感情記憶
の中枢

扁桃体

爬虫類脳は,大脳
辺縁系の活性化の
変化に反応します。
扁桃体がアラーム
をオフにすると,爬
虫類の脳は静かに
なり平常心が戻りま
す。

Copyright 2009 Janina Fisher, PhD

図5.2　マインドフルな脳（気づきの脳）から助けを借りる

「ワークシート13：ワーキングメモリーはどのように経験を解釈するか」は,
あなたのネガティブな思考や解釈と,あなたの感情や衝動の関係を学ぶのに役立
ちます。あなたは普段どのような解釈や判断をしていますか？　そして,それぞ
れがあなたの感情や身体の状態にどのように影響するのでしょうか？

　気づきの脳ないし内側前頭前野は,実際扁桃体と直接つながっており,私たちがマインドフル
なとき,および私たちが——気づいたことに対してコメントしているときでなく——ただ気づ
いているときに,こころを落ち着かせる効果を促進してくれます。しかしトラウマサバイバーに
とって,起こることをそのまま見つめる瞑想は,内側前頭前野の活動を高めるための正しいアプ
ローチであるとは限りません。内面に気づきを向けることで,強烈にトリガーされることがある
からです。ですから,通常は気づきの脳を使って,ある特定のことに気づくことから始めるのが,
より役に立ちます。たとえば,不安の感情が湧いてきたら,それを「ただの不安」として,ある
いは心拍の上昇,胸や胃の締め付けなどの「ただの身体感覚」として,あるいは「ただトリガー

されただけ」であることに気づくことで，その不安に調整をもたらすことができるのです。恥の感情がトリガーされたら，恥の身体的感覚とそれに伴う思考を，別々の構成要素として気づくことを覚えておきましょう。これにより落ち着き，心身が調整されます。マインドフルな気づきにおいては，私たちは感情の洪水に襲われることはありません——ごくわずかな距離をとりながら，興味深いもの，好奇心をそそるものとして気づくことになります。

　感情に対し結論を急いだり，批判的になるなどして反応的になるのではなく，感情にただ気づくには，練習が必要です。私たちの多くは，感情を抱くとすぐにそれを解釈してしまいます。たとえば，私たちは恥ずかしいと感じたら，それは何かやらかしてしまった証拠だと解釈するでしょう。悲しいと感じたら，それを脆弱さや，自分がどれだけ失ったか，あるいはどれだけひどい扱いを受けたかの表出として，解釈するでしょう。こうした解釈が私たちの気分を良くすることはめったにありません！

　批判や解釈をせずに，恥，悲しみ，不安，怒りに気づくことには，今までとは異なる効果があります。悲しみに気づくということは，喉が詰まるような感覚，目の潤みや流れる涙，胸の感傷的な痛み，といったことに注目することを意味します。その痛みの原因となったすべての経験を思い出すのではなく，痛みの感覚にただ気づけば，少し落ち着く効果があります。涙を弱さと解釈するのではなく，ただ気づけば，涙をこらえようとするよりもずっと簡単におさまります。感情をただの感情として，あるいは思考をただの思考として気づけば，それほど圧倒されることはありません。

　マインドフルネスの世界では，瞑想時はただ興味を持って「執着や嫌悪なしに」観察するようにと教えられます。この言葉は，特定のある思考や感情には同調し，他のある感情や思考は排除したり否定する，という誰にでもある人間的な傾向について言及しています。私たちは往々にして，「あなたの意見は重要ではない」という声に賛成し，「私が考えたり感じたりすることは何でもすべて重要だ」という考えは，あまりにも自己誇示的で自己愛的だとして否定するものです。マインドフルな気づきとは，それぞれの思考に等しく好奇心を持って意識することです。「私は黙っているべきだ，自分の意見はどうせ重要ではない，という思考を私は持っています。そして今，どの意見も全て重要だという違う思考も持っています」といったように。「自分の意見なんてどうでもいい」という思考の後に，肩を落としてため息をつき，重苦しい気分や敗北感を感じることを，「気づきの脳」が観察するかもしれません。あるいは，「自分の気持ちや意見は大事だ」と思うと，自然と背筋が伸びて頭が上がっていき，自信や力を感じることに気づくかもしれません。気づきの脳はどちらの思考もジャッジしません。単にネガティブな思考はより身近に感じられ，ポジティブな思考はより馴染みがなく，不快でさえあることに気づくだけです。どちらの思考がより心地よく感じられるか，または負荷がより軽くなるか，気づきの脳を使うとわかるかもしれません。

習慣的なパターンを変えるために気づきの脳を活用する

　内側前頭前野を活性化させると，扁桃体の活動が低下し，神経系が落ち着いて調整されるため，

「気づきの脳」はアディクションや危険行為に取り組む際に画期的な働きをすることになります。批判や恥に苛まれず，強迫的な衝動を観察することができるようになるのです。危険行為への衝動を行動化するときに何が起こるかに気づくことは，断酒・断薬／再燃サイクルを中断させるために極めて重要です。さらに良いことに，執着や嫌悪なしに再燃による悪影響に気づくことは，危険行動やアディクションのパターンを改善させていくのにも役立ちます。

「ワークシート 14：気づきの脳の助けを借りる」を使って，自分の考えや感情にただ気づいたときに起こることと，分析したり判断したりしたときに起こることの違いを観察してみましょう。衝動を判断したりコントロールしようとせずにただ気づくことで，その衝動を行動化するのを避けることが容易になりましたか？ 気づくことで，激しい感情が耐えられるものになりましたか？

　重要なのは，自分の思考，感情，衝動を，過去の経験からどう反応しようとしているか，ではなく，神経系がどうなっているかを示す信号として気づく能力を高めることです。あなたは，活性化されていますか，シャットダウンしていますか？ 圧倒されていますか，麻痺していますか？ それとも，あなたの耐性領域は，あなたが何を感じても大丈夫なほど，十分に広いでしょうか？ 思考，感情，衝動は，あなたが断酒・断薬／再燃サイクルのどの位置にいるのかを教えてくれますか？

　目標は，神経系を調整して，瞬間ごとの感情や思考に耐えられるようにすることだということをこころに留めておいてください。人間は誰でも，人生のある時期に不快で圧倒的な感情や衝動を経験するものです。このような浮き沈みへの耐性を，私たちは持たなければならないのです。トラウマがあると，身体の反応や感情の記憶が日常的に引き起こされ，現在という時間の感覚を混乱させるため，その挑戦はより困難になります。摂食障がい，自傷行為，自殺願望は，かつてはトリガーされた反応への対処法であったかもしれませんが，あなたが今，この章を読んでいるのは，それらがもはやうまく機能しないか，新たな困難やリスクを引き起こしているためなのです。

　どのような治療アプローチやスキル，介入も，感情をそのまま消し去ることはできませんし，摂食障がいやアディクション，自己破壊行為もいずれはその即効性を失います。私たちに残されたのは「10％の解決策」だけです。つまり 5％，10％，15％程度の確率で役立つこと，あるいはそれをやっている間の数分間だけ役立つものです。健康的な対処法のほとんどは 10％の解決策なのです。たとえば，呼吸を整える，気分が良くなることに集中する，読書，テレビを見る，ワークシートを埋める，散歩，編み物，かぎ針編み，クロスワードパズル，ガーデニング，お風呂，静寂への祈り，ペットと遊ぶ，子どもと遊ぶ，などです。心理療法も 10％の解決策であり，ほとんどの精神科医療による薬やスキルも同様です。すぐに，完全に効果が出る対処法などは，ないと言っていいでしょう。悪い時に気分を良くするには，わずかな安らぎを感じられるまでに 5 個や 10 個の解決策を使わなければならないかもしれません。

「ワークシート 15：10％の解決策」を使って，5％ないし 10％の安らぎを得る

ために役立つものを思いつくままにリストアップしてください。すると，パターンが見えてくるはずです。たとえば，手を動かす活動，ジグソーパズルや編み物など集中力を必要とする活動，他の人やペットとのふれあいを伴う活動などです。自分に合っていると思われる解決策をさらに開拓することもできますし，学んだスキルをリストに追加することもできます。また，このワークシートをつらいときに手元に置いておけば，その日を乗り切るためにできることを思い起こすことができます——一度に10％だけですが。

　想像してみてください。あなたは安心で支援的な環境の中で理想的に育ちます。そこではあなたが求める安らぎと慰めは，あなたの苦悩を感じてくれて，気分が良くなると安堵してくれる両親によって満たされます。神経系は浮き沈みから回復する方法を学び，「感情の筋肉」はより強く成長する機会を得たことでしょう。しかし，次の章で紹介するように，トラウマ的な環境は，子どもたちから回復力ある神経系と，広く柔軟な耐性領域を育むために必要なものを奪い，それゆえトラウマに関連する感覚や身体の記憶をさらに扱いにくくしてしまいます。トラウマから回復の非常に不公平で遺憾な側面なのですが，子どもの頃に育まれ教えられるべきであった能力を，大人になってから発達させるには，熱心に取り組まなければなりません。残念なことではありますが，今後も麻痺し続けていたり，圧倒されたり，常に怯えたり，怒ったり，恥じているままでいることはもっと不公平なことです。10％の解決策を実践して感情の筋肉を鍛えれば，トラウマ後の人生に必要な耐性領域を得られるでしょう。

　次の章では，トラウマ的アタッチメントとそれによる「生ける遺産」について，より深く理解していきましょう。

ワークシート 11
断酒・断薬／再燃のサイクルを追跡する

　サイクルの各段階で気がついたことを書き込んでください。断酒したとき，あるいは危険な行動を控えたとき，最初どのように感じますか？　次に，PTSDの症状が悪化しているときの徴候は何ですか？　危険行為への衝動が再び起こっていることを教えてくれるものは何ですか？　再燃は通常どのように起こるのでしょうか？　そして，その後はどうなりますか？　どうか批判的にならないでください！　何度もあなたを駆り立ててきたサイクルに，好奇心と興味を持ってみましょう。

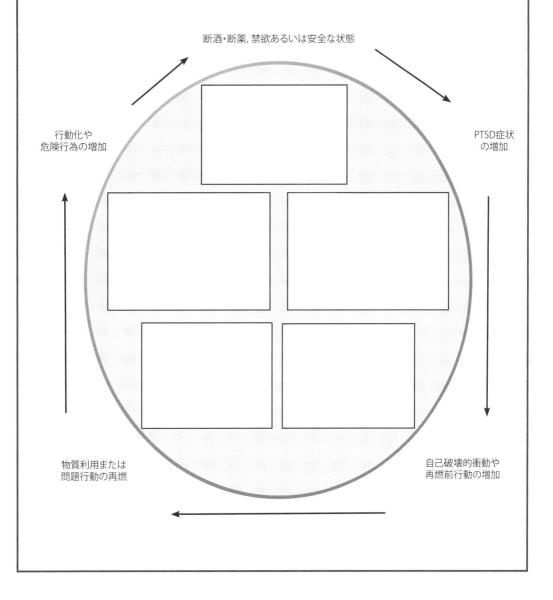

断酒・断薬, 禁欲あるいは安全な状態

行動化や
危険行為の増加

PTSD症状
の増加

物質利用または
問題行動の再燃

自己破壊的衝動や
再燃前行動の増加

ワークシート **12**
サイクルを打ち破る

　ストレスがかかると脳と身体は古いパターンに戻ってしまう傾向があるため，あなたは新たに健康的な対処方略を使おうとするたびに，同じサイクルが発生していることに気づくことでしょう。トラウマに関連したパターンを変えようとするときに気づくことを書き込んでください。

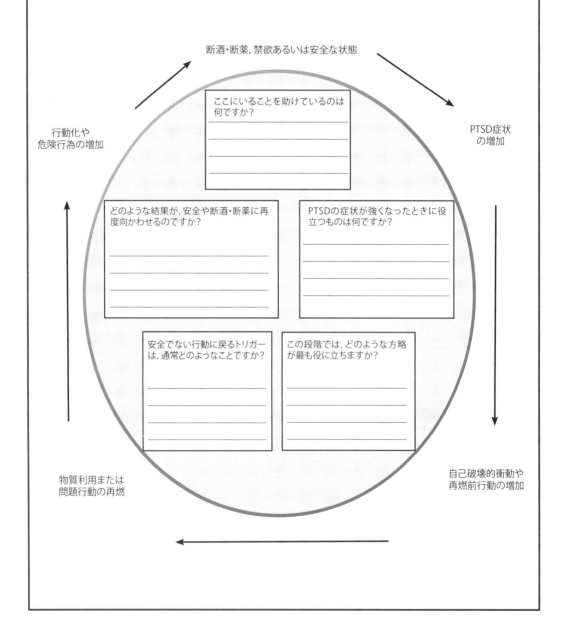

断酒・断薬, 禁欲あるいは安全な状態

ここにいることを助けているのは何ですか？

行動化や
危険行為の増加

PTSD症状
の増加

どのような結果が, 安全や断酒・断薬に再度向かわせるのですか？

PTSDの症状が強くなったときに役立つものは何ですか？

安全でない行動に戻るトリガーは, 通常どのようなことですか？

この段階では, どのような方略が最も役に立ちますか？

物質利用または
問題行動の再燃

自己破壊的衝動や
再燃前行動の増加

ワークシート **13**
ワーキングメモリーは
どのように経験を解釈するか

　苦痛を感じたときに，あなたのワーキングメモリーは通常どんな解釈をするか書き込んでみましょう。そして，ただ気づいてください。感情は良くなりますか，悪くなりますか？　あなたの感覚や衝動は強まりますか，減りますか？

あなたのワーキングメモリーは苦痛を感じる感情をどのように解釈しますか？

その感情は良くなりますか，悪くなりますか？

あなたの感覚や衝動は弱まりますか，それともさらに強烈になりますか？

ワーキングメモリー

気づきの脳

感情記憶の中枢

扁桃体

気づきの脳の助けを借りる

　気づきの脳を使うとどう違いますか？　あなたの感情，思考，身体の感覚を，批判せず観察するために気づきの脳を使うと，どうなるでしょうか？

ワーキングメモリー	気づきの脳

感情記憶の中枢 → **扁桃体**

あなたはどんな感情に気づきますか？　それを分析しないとどうなりますか？

_____
_____
_____
_____
_____
_____

ただ気づくことは，衝動や感覚にどのような影響を与えますか？

_____
_____
_____
_____
_____
_____

ワークシート **15**
10%の解決策

ほんの少しでも安らぎや歓びを感じる，あるいはネガティブな思考から気を逸らせる活動	何%の効果があるか？	どんな感情，思考，状況，衝動に効果があるか？

第6章
トラウマとアタッチメント

　他の動物とは違って，人間の赤ちゃんは脳も身体も未熟な状態で人生をスタートさせます。時には，心拍や呼吸を安定させることでさえ難しいときもあります。彼らの神経系はきわめて未発達なため，24時間体制で世話をする人なしでは，食事，睡眠，体勢を変えること，感情や身体機能の調節など，生き延びることの能力を欠いていることになります。理想的には，発達のこの段階で，愛情深く調和のとれた親は，子どもたちに食事を与え身体的に快適に保つことによって，子どもたちを生き延びさせる以上のことをします。親は，赤ちゃんが苦痛から回復し，前向きな気持ちを維持する能力を伸ばします。赤ちゃんが身体的に，また対人的に求めていることを，人に伝える方法も教えます。健全なアタッチメントは，他の人に癒されるのは安全なことであり，そして愛する人がいないときでも自分で自分を落ち着かせて安心することができるということを教えます。新しい情報を取得する，問題を解決する，口頭でコミュニケーションするといった子どもの能力までもが，親からのアタッチメントの質に左右されます。

　早期のアタッチメントは，1回の出来事でもなければ，一連の特定の出来事でもありません。抱っこされたり，揺さぶられたり，食事を与えてもらい，なでられ，なぐさめられたり，世話をする人の愛情に満ちたまなざしを受けたりといった，何百もの心身の反復体験の結果なのです。愛情深い親は，言葉を使うよりもクーやうんうんなど声の軽快さを感じさせる言葉で，赤ちゃんに語りかけます。そうすると赤ちゃんは，その温かい目，笑顔，遊びごころを受け止め，自分なりの音や笑顔で応えます。しかし同じように簡単に，養育者の身体の緊張，石のような冷たい顔，荒い動き，イライラした声色も感じ取ることができます。赤ちゃんの未熟な神経系は，眩しい光，大きな音，身体の不快感で警戒することになります。そのため，突然の動き，激しい感情反応，大きな声，怒りや不安が，すべて赤ちゃんにとって恐ろしいものになるのです。

　ここで「ワークシート16：親密さや距離に対する自分の反応に気づく」を使って，親密さと距離に対するあなた自身の反応に気づいてください。子どもの頃に親密さと距離について学んだ重要なことを次のように書いてください。たとえば，「近くにいると危ない」，「母は私との距離に我慢できなかった」，「話しかけられるまで口をつぐんでいなければならなかった」，「私たちは罰を受けた」，「私の両親は誰に対しても，たとえ自分の子どもでさえも近づかれることに我慢ならなかった」などです。そして，あなたの人間関係で気がついた重要なことを書き込んで

ください。あなたは，親しくしていることに心地よさを感じますか？　誰に対して親密であることが，快適だと感じますか（子どもとはつながれても配偶者とは難しいという場合もありますし，友人や配偶者とは親しくても，兄弟姉妹とはそうなれない人もいます）？　誰かと距離があるということはあなたにとってどうですか？　それは簡単なことですか，それとも難しいことですか？

アタッチメントはどのように記憶されるか

　たとえ両親が安心感を与えてくれようが，子どもを怖がらせようが，アタッチメント歴を言葉や個々の出来事として記憶している子どもはいません。生後3年間は，アタッチメントは主に非言語の身体の記憶として，つまり感情的，身体的，自律神経系的，触覚的，視覚的，聴覚的な，言葉を用いない記憶として覚えられているのです。私たちのアタッチメントや関係性のあり方は，幼少期の親密さや環境にどのように適応したかを示す記憶のあり方でもあるのです。愛情をもって抱っこされて安心した場合，私たちは人を抱きしめたり，人から抱きしめられたりすることを心地よく感じます。もし私たちが恐ろしい，または虐待的な方法で扱われた場合，私たちの身体は人が近づくと緊張ったり，たとえ完全に安全な方法で触れられている場合でも，緊張して身をかわすことがあります。親密さや身体接触は，恐怖をトリガーするかもしれません。寄り添うのが好きか，あまり身体接触を好まないか，微笑むか無表情か，人を見るよりも目をそらすか，誰かと一緒の時間より自分ひとりの時間が好きか。私たちの関係性の習慣は人生の非常に早い段階で形成されたものなのです。

目と目のコミュニケーション

　赤ちゃんは生まれながらにして，自分を世話してくれる人の目を求める本能を持っています。アタッチメントを与える人物が赤ちゃんの目に出会うと，赤ちゃんは首を傾け，その視線に目を合わせます。乳幼児は，人間の顔や目がないところでは，写真に写った目でさえも好んで見るという研究結果もあります。

　しかし，もし養育者の目が赤ちゃんをにらみつけていたらどうでしょう？　子どもを怖がらせるような視線を故意に送っていたら？　大多数の大人は，赤ちゃんを温かく，愛情深く，興味深く見つめます。しかし，両親がドラッグで興奮していたり，鎮静されていたらどうでしょう？　アタッチメントを与える人物が精神疾患を抱えていて，頭の中で声やイメージ，恐怖にとらわれていたらどうなると思いますか？　両親の目が24時間赤ん坊の世話をしなければならないことへの怒りをあらわにしていたら？　生まれつき視線を送ることを好むにもかかわらず，ほとんどの赤ちゃんは，脅かしたり邪魔したりするものに対して，目を閉じて顔を背けるという共通の本能的反応を示します。そして何年も経ったあとでも，パートナーや恋人，あるいはセラピストの目を見ると，恐怖や嫌悪が呼び起こされることがあるのです。

このことはキャシーの体験によく描かれています。

> ある日，キャシーは私に言いました。「私はあなたを見ることができないのに気づいたわ——変だわ。あなたが私を見ているのに，私はあなたの横を見ている。そうするのは別にあなたを嫌いなわけでも信じてないわけではないの。でも，あなたの目を見るのが難しいの」

ケイトリンの例も，アタッチメントトラウマがどのように視線嫌悪を引き起こすかを示しています。

> ケイトリンは私と話している間，ずっと部屋の窓を見てました。このパターンが気になった私は，ある日，こう言ったのです。「私と話しているときでも，視線は窓に向いているわね。私はそれに興味があるわ」。彼女は，私が何もわかっていないという感じを醸し出し，「当たり前でしょ，だってあいつらが来たら，その窓から飛び降りるつもりなんだから」と言いました。

彼女たちのアイコンタクトの習慣はトラウマに関連したものです。私や，彼女たちの生活におけるほかの誰かに個人的に向けられたものではありません。ケイトリンはいつも避難経路を探しており，キャシーは愛していたうつ病の母親の目のなかに，疎外感と絶望的な表情を見て育ってきたのです。何年経っても2人の脳と身体は，何が安心で何がそうでなかったかを記憶しているのです。

親密さと距離を許容する

幼いころにアタッチメントを提供する人物に近づくことで安心を感じることが定着すると，たとえその人物が他の部屋にいたり，仕事をしていたり，別のことに没頭しているときでも，安心していられるようになります。そうなると，他人と親密になる能力が身につくと同時に，離れたり連絡が取れないことを許容する能力も高まります。私たちは成長して大人になると，より親密さを好むようにも，より多くの距離を好むようにもなりますが，どちらかが多少足りなくても耐えられるようになります。

トラウマ的な環境に安全はありません。親密さによって安心できないのにもかかわらず，子どもは守ってくれる大人がいないと無防備になるため，ひとりでいることも安心ではないのです。子どもが悲しんだり怒ったりといった感情を表すことは，安全なことではありません。虐待やネグレクトする親が怒り出すことのトリガーとなってしまうからです。やさしくしてもらいたい，甘えたいというニーズは，安全ではありません。なぜなら大人に大事にしてもらいたいという正常な欲求は悪用され，搾取される可能性があるからです。安心感を信頼することはもちろん危険ですし，虐待する親に慰められることや，愛情を示されるのも危険です。そのような親に対して愛情を示すのも安全ではありません。トラウマ的環境では，親密な関係のあらゆる側面が危険となる可能性があります。図6.1は，健全なアタッチメントが親密さと自立の両方の能力を高める

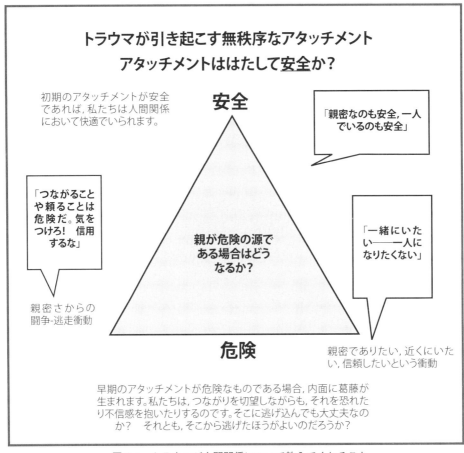

図 6.1　トラウマが人間関係について教えてくれること

一方で，不健全なアタッチメントが親密さと自立のどちらも危険の感覚を生み出すことを示しています。

　虐待者が親であれば家庭は安全ではなく，安全な場所は学校や祖父母の家などになります。子どもは家族関係を恐れたり避けたりすることを覚え，他者と距離があると安心できるようになるのです。反対に，家庭ではアタッチメントを提供する人が安全な場所を与えていても，子どもが家庭の外で危険に遭遇する（たとえば，近所の人，ベビーシッター，教師，コーチ，拡大家族から虐待や搾取を受ける）経験も恐怖となります。そうした経験は，家から離れたり，他の人と一緒にいるのは安全ではないということを子どもに植え付けてしまうのです。私たちは幼すぎて，自分がなぜ，どのように習慣や反応を身につけたのかを覚えていないため，こうしたトラウマ的なアタッチメントのパターンが大人になっても現れると，非常に混乱するものです。

おびえている，そして恐ろしい親による子育て

研究によると，たとえ家族に危急の虐待がなくても，トラウマを受けることがわかっています。

恐ろしい親，あるいは（不安，引きこもり，恐怖症，抑うつ，シャットダウンなどで）おびえているように見える親のもとで育つことは，子どもに危険の感覚をつくり出します。おびえた親を持つのは怖いことですし，もちろん恐ろしい親を持つのももちろんです。しかし子どもにとって，怖いと感じたときの本能的な反応が，アタッチメントを与える人物に助けを求め近づこうとすることであるため，さらに混乱が生じ，葛藤となるのです。身体のもう一つの自然な反応は，怖いものから遠ざかろうとするので，恐ろしい，またはおびえている親に近づくこともまた怖い，となるのです。

　トラウマを受けた子どもが本来安全を求めて引き寄せられる人物が，逃げなければならない危険人物でもある場合，子どもは文字通り板挟み状態に陥ります。警戒からアタッチメントの対象にしがみつこうとする本能は，離れようとする子どもの本能もトリガーします。しかし，その離れることはまた，近づこうとする本能をトリガーし，すると次は離れようとする本能が高まります。ネグレクトや虐待をする親に対して，子どもは「闘争」反応を示し，怒って突き飛ばそうとする衝動を感じることもあります。どちらかの親がおびえていたり，恐ろしかったりすると，しがみついたり，近づいたりという本能が活性化されます。そして子どもが接近により痛手を被ると，闘争−逃走の本能が呼び起こされるのです。

　おびえた親や恐ろしい親のもとにいると，慢性的に傷つくことに警戒するようになるので，安心を感じている子どもなら通常耐えられるようなことにも過敏になっていきます。小さなまたは大きな拒絶，誤解されること，ノーと言われること，落胆されること，共感されないこと，仲間外れにされることなどは，恐怖，恥，感情的な苦痛，怒りなどの強烈な感情的・身体的反応を引き起こすトリガーになることがあります。関係が近ければ近いほど，トリガーされた反応は強くなります。これは，教師，養親，および子どもの生活にかかわる他の大人たちによって誤解されることが多い現象です。教師や養親は，親密さが増すと信頼も増すと期待するかもしれませんが，実際はその逆であることに気づくのです。このようなトラウマ的なアタッチメントパターンを持つサバイバーの多くは，友人関係については非常に良好で安定していても，親密なパートナーとの関係でトリガーされるということがあります。また他の人は，友人関係や，攻撃してこない片方の親や兄弟のひとりとの関係でトリガーされるということもあります。

　トラウマサバイバーは，自分に最も優しくしてくれる人から逃げ出し，逆に，自分に対して距離を取ったり，さらには虐待的であったりするパートナーに執着することがよくあります。こうしたパターンが早期のトラウマ的アタッチメントに由来することを知らずに「なぜ私はいつも虐待的な男性を選んでしまうのだろう？」と自分を責めたりするのです。しかし，このような関係性の力動はトラウマの文脈では完全に理にかなっています。あえて距離を取るパートナーや虐待的なパートナーには親密さを求める本能がトリガーされ，一方，親密で思いやりがある安全なパートナーは，闘争−逃走本能を自動的にトリガーしてしまうのです。

　もし，このようなパターンに馴染みがあったら，これらはごく自然なトラウマに関連した反応であり，あなたが悪い選択をしたサインではないのだと自分を安心させることが重要です。これらのパターンを変えるためにできる最も重要なことは，観察することです。好奇心を持ちましょう！　自分が親密さを強く求めるときや，親密さがトリガーになるときに注目しましょう。他人と距離を置いたり，押し退けたりする衝動を観察してみましょう。他人が距離を置いたり防御的

になったり，怒ったときに，自分の中で何がトリガーされるのか意識してみましょう。

　　アニーの両親は恐ろしい人で虐待的でした。父親は一見魅力的な人でしたが，アニーに性的虐待をし，母親は身体的，精神的に虐待していました。さらに，アルコール依存症だった母親は，しばしばおびえているように見えました。母はまた，ソファで気絶したまま反応がなかったり，神経質でイライラしていたり，時には激しく怒り出すこともありました。アニーは，この複雑で非常に危険な環境に適応し，弟妹の世話をし，そして弟妹をできる限り危険から遠ざけるよう努力しました。彼女の「お決まりのパターン」は世話をすることでした。イライラしている母親をなだめ，気を失った彼女を介抱し，学校では自分を大事にしてくれるたった一人の大人である教師の期待に応え，友達に好かれるように努めました。しかし内面では，人と接するときに気後れし，距離を取っていました。そして，彼女は両親から隠れることを学びました。クローゼットの中，自然の中，本の世界……。

　　大人になると，彼女は自分が周囲に気を遣ったり世話を焼くのは，相手の要求に応えなければならないというプレッシャーがあったからだと思っていました。他の人々が彼女に友情を求めてきたときなどに孤立するのは，搾取されるのを避けるためでした。また，30年連れ添った夫は感情表現が乏しく，自分を愛していないのではと思い込んでいました。実際，彼女は誰も彼女のことを気にかけてはくれないと信じていました。その結果，夫や息子たち，拡大家族がいかに自分を愛してくれているかがわかりませんでした。彼女は，自分が家族をまとめているという事実を信じることができず，家族が自分を求めるのは家事労働のためだと思っていたのです。彼女は，幼少期の関係性のパターンから抜け出せず，孤独で，傷つき，愛されず，愛せないと感じていました。

　思い出してください。パターンは常に記憶を反映しています。私たちはそのパターンをどこかで学んだのです。もしそれが非常に馴染み深いものであれば，幼い頃のものでしょう。パターンがどこから来たのか，無理して思い出す必要はありません。アニーの場合と同じように，それはアタッチメントを提供する人物の限界に対しての，必要な適応策であり，生存戦略でもあったのです。

　　　「ワークシート17：トラウマ的アタッチメントのパターン」のシートを使って，人間関係における自分のパターンを観察してください。あなたがこのような反応を示す対象への考えや感情に気を取られないようにしてください。それよりも，トラウマがあなたの人間関係における能力にどのような影響を及ぼしているかに好奇心を持ち，これらのパターンを意識することが重要なのです。あなたの闘争‐逃走反応は，親切な人と虐待的な人のどちらによって引き起されるのでしょうか？　自分のことを大事に扱わない人がいると，逃げますか，それとも我慢して一緒にいようとしますか？　一人になるのが怖いので，そういう人の近くにいなければならないと感じますか？

人間関係におけるトラウマ的なパターンを変化させていく

　ワークシート17で自分のパターンを知ったので，今度はあなたがどのような変化を起こしたいかを決める番です。たとえば，あなたの人間関係の最大の課題は，境界線を設定できないこと，ノーと言えないこと，虐待的あるいは軽率な行動を許容すること，見捨てられたり一人にされるのを恐れることであると，特定できるかもしれません。あるいは，壁をつくってしまう，親密さや優しさを息苦しく感じる，パートナーをこころから信頼できない，怒り以外の自分の考えや感情を共有できない，といったパターンに気づくかもしれません。もしくは，相手が距離を置こうとすると親しみを求め，逆に相手が親しくなりたいと近づくと距離をとるというパターンがあるかもしれません。また，自分が人間関係において非常に高い理想や要求を持っていて，相手がそれを満たさない場合に許せなくなることに気づくかもしれません。あなたは怒りやすいですか？　あるいは，傷つきやすいですか？　それともその両方で，傷つくとすぐに怒りやすいですか？

> **「ワークシート18：アタッチメントのパターンを変える」** では，友人，家族，恋愛パートナーなど，親しい間柄での自分のパターンを見ることができます。列挙されているパターンには，あなたにとって問題ないものも，問題があるものも含まれているでしょう。批判はしないでください。ただ，どれがあなたの人生で最も問題があるかチェックしておいてください。たくさんあるのなら，2つ3つだけ優先させてください。次に，これらのパターンがトリガーされた反応であると仮定してみましょう。トリガー記録を作成し，トリガーを事前に予測できるようにしましょう。人生の他の分野で耐性領域を培っていたとしても，あなたは特定の人間関係において耐性領域を持っていないと仮定してください。人間関係が，安心な避難所のように感じられることもあれば，人生で最も危険でリスクのあるもののように感じられることもあるというのは，十分ありえることなのです。

　以前に提示したワークシートのいくつかに戻ってみてください。親密さについて耐性領域を広げる必要がありますか？　理解されないことについてはどうでしょう？　失望したり傷ついたりすることについては？　パートナーとの境界線を設定することについての耐性をつくる必要があるでしょうか？　パートナーの癖や悪い習慣についての耐性をつくる努力が必要でしょうか？忘れないでください。虐待は倫理的，道徳的に間違っているものだけではありません。それは虐待者の悪癖であることもあって，それゆえ，今は無害な何気ない悪癖であっても，あなたにとって大きなトリガーになりえるのです。

　　イボンヌは，夫の行動に苛立ち，家族と夕食をとらないようにしようかと思っていました。「夫はとても未熟で無責任です——彼はどうしてあんなふうに振る舞うことができるのでしょうか？どうして息子にあんなひどい習慣を教えるのでしょう？」。
　　私は，「食事のときいったい何が起きて，そんなに怒っているの？」と尋ねてみました。
　　「食べ物で遊ぶのよ！　ちょっとした食べ物の取り合いをしてふざけるの！　夫はマッシュポ

テトを息子の皿に乗せて，息子はブロッコリーを夫の皿に乗せて，夫がさらにマッシュポテトを乗せて，2人はそれを面白いと思っているの。下品だわ！」。

「それによって，あなたに何が起こったのかしら」，と私は言いました。「もし昔，あなたとあなたの兄弟が夕食の席でそれをしたとしたら？」。

「そんなことしたら，私たちは死ぬほど殴られたわ——愚かで危険な行為よ！」

その時，私は理解しました。「彼らの食べもの遊びがトリガーになるのも無理ないわ！ 本当に危険なことをしているように感じるのに，彼らは気づかず，やめようとしないのね」。イボンヌは，夫と息子がこんな風に迷惑だけれども，無害な形で絆を深めているのを，面白がるのではなく，以前なら危険なことであったために，警戒してしまっていたのです。

イボンヌがそのパターンを変えるのに役立ったのは，「自分はトリガーされただけなのだ」とまず自分に言い聞かせてみることでした。「何も悪いことは起きていない，誰も傷ついたり罰を受けたりしていないのだ」。そう自分に何度も何度も言い聞かせると，心拍数が下がり，怒りが収まるのを感じることができたのです。

またストレスのたまる夕食の時間がやってくることを予期していた彼女は，単に食べ物の取り合いにイライラしているのだと率直に説明すればいいことに気づきました。批判して，2人を防衛的にさせる必要はないのです。彼女の夫は，人間関係において消極的で，諍いを回避する人だったので，彼女の批判に抗議することはほとんどありませんでした。批判されれば，彼は引っ込んで，黙ってしまうのです。彼女にとっては安心な人ですが，そうした結果2人の間に溝のようなものができてしまうことも知っていました。2人とも，子どもの頃に安全と知っていた方法で自分を守っていましたが，そのため2人の距離は縮まらなかったのです。

パターンをかえり見ずに，ほとんどの人は自分自身やパートナーを非難し続けます。イボンヌは，親密さについての失敗を夫のせいにすることもできましたが，パターンの全貌を見ることにしました。彼の遊びごころや消極さによって自分がトリガーされたように，夫もイボンヌの警戒心と批判的態度によってトリガーされたのだと知ることができたのです。継父が彼女の兄弟に苛立ったときにどれほど暴力的であったかを身体は覚えていたので，夫と息子が夕食の時にふざけると多少の警戒感をまだ感じはします。しかしもはや，彼女はその警戒を現在の危険として捉えることはなくなりました。

覚えておいてください。生き残るための習慣を変えるには，練習が必要です！ 持続的変化をもたらすには，洞察だけでは十分ではありません。

何かがトリガーになったときに，それに気づき，名づける練習を何度も何度もしてください。「私はトリガーされている——これはとてもトリガー的なことだ——私は完全にトリガーされた」。（違法行為や倫理違反でないもので）あなたが不穏と思うことについて，実際のその行為の悪さの度合いよりも，トリガーと関連している可能性を考えてみてください。たとえば，多くの人はトリガーされると，人間関係から逃げ出したい，仲間から性急に離れなくてはならない，と思うものです。果たして自分は「意地悪」なのでしょうか？ それとも，これは人間関係の力学によって引き起こされた自動的な反応なのでしょうか？ 多くの人は，傷ついたり怒ったりしたときに，黙ってしまいます——もしくは，大声で非難したり，立ち去ったりする人もいます。あるいは自分がトリガーされた原因である相手の言動を批判して，相手を変えようとします。このよ

うなパターンは，私たちの身体と感情が，人間関係に関してずっと以前に学んだことを反映しています。通常これらは，意識的で思慮深い選択を反映したものではありません。

　パートナーがあなたを殴ったり，恥をかかせたり，家に監禁したり，行動を制限したり，あなたや子どもに危害を加えていない限りは，あなたはおそらくパートナーの行動にトリガーされているのだと考えてください。好奇心を持ってください。逆に自分はパートナーにとって，どんなトリガーとなっているでしょうか？　私たちはお互いにトリガーしあっているのです。トリガーとなることを意識することは，健全な人間関係を築くための重要な要素です。パートナーや配偶者がトリガーとなるのを常に防ぐことはできませんが，少し違った言動を取る選択肢がある場合には，相手をトリガーしないように努力することはできます。針の筵にいるようにびくびくしたり，即座に迎合するわけでもなく，相手のトリガーに気を配る方法を学ぶことは，人間関係において非常に健全なことです。私たちは，子どもや友人，あるいは自分よりも弱い立場にある人に対しては自然と配慮できる傾向がありますが，パートナーに対してはしばしばそれを忘れてしまいがちです。

どこまで許容すべきか？

　すべての人にとって，自分が許容したり我慢すべき限界を知ることは難しいことです。法的な基準以外には，絶対的な基準はないのです。私たちには，身体的あるいは性的な暴力，支配のための武器の使用，身体的拘束，脅迫的な行為，薬物の使用，その他自分や子どもの安全を脅かす自己破壊的な行為を受け入れない法的権利はあります。それ以外は，特にトラウマサバイバーにとって，何が受け入れがたいことなのか，安全ではないことなのか，そして何がただ無神経で失礼な行為なのかを見分けることは難しいことになります（自分が虐待を受けているかどうか疑念を抱いている場合は，ネット上に多くのチェックリストがあり，虐待的な関係を査定するために役立ちます）。パートナーに経済的に依存していると，不適切な行為でも我慢しなくてはと許容してしまうことがよくあります。あるいは，無礼，無配慮，そして無神経な行動によってトリガーされると，境界線を引いたり立ち去ったりしてもよいのだという感覚を持てなくなることもあります。

　どのくらい我慢したらよいかを判断する一つの基準は，「私が経験しているマイナスは，私が得るプラスに値するか？」と問うことです。もしあなたが，欠点はあるけれども虐待はしない，あなたが深く愛する人と一緒にいるなら，その関係におけるすべてのトリガーに対処することを学ぶ価値があるでしょう。もしあなたが夢の仕事に就いているのなら，それに伴うあらゆるトリガーに取り組む労は報われることでしょう。すべての人間には，いつ，どの程度まで許容するかを決める権利があります。そして，その選択を正当化する必要はありません。

　　　ジェニファーは自分を慕い，母親業も仕事も支えてくれる男性と結婚しましたが，彼は支配的で批判的な面もありました。専門家として尊敬され，リーダーとして従われる立派な仕事についていた彼は，残念ながら家でもそのように振る舞いました。彼は自分が正しいと信じて疑わず，

イライラしたり不安になったりすると，彼女を言い負かしました。ジェニファーの意見も自分の意見と同じでない限り，真摯に受け止めることをしないこともありました。「よく我慢できるね」と友人に言われるとジェニファーは，「彼は愛情深くて，私のためなら何でもしてくれるから大好きよ。彼はただ不機嫌になるときがあるだけで，別に私を傷つけないわ」と笑顔で答えます。

　ジェニファーは，恐れや恥に左右されない選択をしたのです。夫に尊重されたように扱われないことがあっても，彼女は別に**卑屈**にならなかったのです。卑屈になったり恥に溺れたりはしない，それが鍵なのです。
　トラウマサバイバーが癒されるためには，安心を感じることが必須です。そして，今の生活にある程度コントロール感があることが求められます。自分を，人より小さく，劣っていると感じたり，恥じたりすることがなくなる必要があります。次のアニーの例が示すように，自分は価値がなく恥ずべき存在で，愛されておらず望まれず，怖くて安全でなかったという記憶を感じると，良い人間関係の中にいたとしてもトリガーされることは避けられません。

　　アニーは，夫が思いやりに欠け，搾取的だと話してくれました。「なぜ，いつも私が夕食を作らなければならないの？　なぜ彼は私のために夕食を作ってくれないのかしら？　どうしていつも私ばかりが問題を持ち出すのかしら？　どうして私ばかりがこの関係について心配するのかしら？」。彼女は，彼が他の方法で思いやりを示していることには目を向けられませんでした。彼女がPTSDの症状によって機能不全になってしまったときも家族を支え，彼女がトリガーされたときの反応を批判したり質問したりせず，彼女が一人でやるのを恐れたことを手助けし，彼女の許可なしには決して彼女に触らないようにようにすることで，気遣っていたことを。彼女が仕事ができるときにだけやるのに協力し，コントロールしようとせず，たとえ「別れる」と脅されてもほとんど怒ることはありませんでした。彼はアピールするような人ではなかったので，自分の気持ちをうまく表現することができませんでした。その表現の不器用さが，アニーの，子どもの頃，大人が何の関心も愛情も示さなかったという感情記憶を呼び起こすことになりました。また，彼が料理を作ってくれなかったり，より愛情を示すような形で面倒をみなかったことが，アニーのネグレクトされた感情記憶を呼び覚ましました。彼女の母親は気が向いたときにしか食事を与えなかったので，お腹を空かせることもしばしばあったのです。「自分のためにいつも料理をしなければならないと，恥ずかしくなるわ」と彼女は言います。「私はいい子じゃない，と言われているみたい——私が食べようが食べまいが誰も気にしてくれないんだわ」。
　　アニーにとって，自分がトリガーされていたために，長年にわたり結婚生活において健やかさや思いやりを感じられなかったのだと知ったことは，解放と安らぎを覚える体験でした。「彼がもっと感情を示す人だったらよかったのに」と彼女は言います。「でも今は，それが私のせいではないとわかっているわ。ただ彼が感情表現が得意じゃないだけ」。今ある結婚生活に感謝することで，彼女の自分自身への見方も変わりました。「彼に会ったとき，私は混乱した状態だったわ。だから，もしかしたら私は暴力夫を間違って選んでしまう危うさもあったけど，幸運にもそうしなかったの」。

あなたの内面にいる「幼いあなた」を大切にする

　幼少期のネグレクトや虐待は，私たち皆がかつてそうであった「小さな子ども」が大事にされなかったことを意味します。この「幼いパーツたち」は，人間関係において活性化します。私たちは，時には不快なほど傷つきやすくなるのです。そして，パートナーも傷つきやすく感じるので，巻き起こる感情をケアして，助けてくれるとは限りません。アニーがトリガーされ，母が気が向いたときしか食事をくれなかった幼いアニーの恥の感情に苛まれるたび，彼女は本能的に夫に，そうした感情を慰め和らげてもらうことを求め，待っていました。イボンヌが食卓での遊びにトリガーされたとき，危険を感じた幼いイボンヌは，夫に安心させてもらいたいと思いました。私たちは皆，それが過去からの反応であることを認識せずに，子どもの頃に得られなかったものを本能的にパートナーに求めます。とはいえ，イボンヌが夫に，夫と息子が食卓で食べ物遊びをしていると不安になると伝えたこと，アニーが，夫を批判しているのではなく自分がトリガーされているのだと伝えられたこと，彼女らがトラウマを抱えた幼い自分自身を受け入れ，歓迎してあげたことは，重要なことです。

　2人の夫は，パートナーが子どものころに経験したことに共感を示していましたが，彼女たちのなかの子どものパーツたちはそれを知りませんでした。よって，それぞれの女性は，とても安心で受け入れてくれる温かい男性と結婚したにもかかわらず，まだ長年の虐待，ネグレクト，拒絶，見捨てられの感情記憶を日常的に体験していたのです。夫から世話をしてもらうことで感情記憶を打ち消そうとするのではなく，自分で傷ついた子どもを迎え入れ，居場所を作ってあげることが必要だったのです。

　次の章では，トラウマの体験が個人をいかに断片化させ，傷ついた子どもの自分を切り離し歓迎されないままにしておくかについて，お話しします。

親密さや距離に対する自分の反応に気づく

子どもの頃, 親密さについて何
を学びましたか?

_____

_____

_____

_____

_____

今は, 親密になるとどうなりますか?

_____

_____

_____

_____

安全

**主養育者
（親など）**

危険

他者と距離を保つことについて,
何を学びましたか?

_____

_____

_____

_____

_____

今は, 距離があるとどうなりますか?

_____

_____

_____

_____

_____

ワークシート **17**
トラウマ的アタッチメントのパターン

　トラウマ的アタッチメントの徴候を認識することは，大人になってからの人間関係に役立ちます。私は我慢し過ぎなのでしょうか？　それとも，何事も我慢しなさ過ぎなのでしょうか？　距離と親密さに対する私の反応でパートナーを混乱させていないでしょうか？　この関係から離れる必要があるでしょうか？　それともただトリガーされただけなのでしょうか？

あなたが認識しているトラウマ的アタッチメントのサインをチェックしましょう。

- [ ] 話を聞いてもらえないことが苦痛
- [ ] 理解されないとつらい
- [ ] 愛されていないのではと心配になる
- [ ] 見捨てられることへの恐怖
- [ ] 浮気されることへの恐怖
- [ ] 触られたくない
- [ ] 常に抱きしめられていたい。誰かが一緒でないと安心できない
- [ ] 自分はダメなんじゃないかと心配する
- [ ] 相手は自分にとって不十分だと心配する
- [ ] 悪い関係から抜け出したいのにできない

- [ ] 仲良くなると逃げ出したくなる
- [ ] 一人でいること，離れていることに耐えられない
- [ ] 息苦しさを感じる
- [ ] 虐待的扱いを我慢する
- [ ] 無礼な振る舞いに我慢ができない
- [ ] 相手に心を許さない，気持ちを共有できない
- [ ] 感情を傷つけられたとき怒りを感じる
- [ ] 愛されないと感じる
- [ ] 相手の怒りを許容できない
- [ ] 相手の沈黙に耐えることができない
- [ ] 境界を決めたり，「これは嫌だ」を言うことができない。

　これらのパターンは，あなたが幼い頃に生き残るための方法として身につけたことであるのを忘れないでください。これらは，悪い状況の中であなたにできる最善の方法だったのです。

ワークシート **18**
アタッチメントのパターンを変える

　すべてのサバイバルのパターンを変える必要はありません。しかし，もし変えられたら，より快適で良い人間関係を築くのに役立ちそうなものに，チェックを入れてください。

距離があることを好むパターン

☐ 親しくなると逃げ出したくなる

☐ 息苦しさを感じる

☐ 相手を信用できない

☐ 浮気されていると疑う

☐ 触られたくない

☐ 感情を傷つけられたときに激怒を感じる

☐ 相手が自分にとって不十分だと心配する

☐ 相手の甘え，悲しみ，不安に耐えられない

☐ 無礼な振る舞いや無神経に我慢できない

☐ 怒ると相手を突き放す

☐ 動揺しているときは黙り込んでしまう

親密さを好むパターン

☐ 一人でいること，離れていることに耐えられない

☐ 話を聞いてもらえないことへの苦痛

☐ 虐待的な扱いでも我慢をする

☐ 理解されない，関心を持ってもらえないとつらい

☐ 愛されていないのでは，裏切られるのではないか，と心配する

☐ 見捨てられることへの恐怖

☐ いつも抱擁されて，誰かがそばにいないと安心できない

☐ 自分の気持ちが傷つけられると，愛されていないように感じる

☐ 怒りや沈黙を許容することができない

☐ 境界を決めたり，「これは嫌だ」と言うことができない

　これらはトリガーされた反応であると仮定してください。そう考えるとどうなりますか？　何かが変わるでしょうか？

第**7**章
トラウマに関連した断片化と解離

　安全な環境を整えて苦痛な身体を和らげてくれる誰かがいないと，幼い子どもは引き起こされる脅威を，自分の脳と身体で何とかしなくてはなりません。多くのサバイバーが，「恐怖や恥を感じない日はなかった」，「子どもの頃の最も鮮明な記憶は，いつもお腹が空いていたこと」，「いつも一人で，寂しくて怖かったこと」などと話してくれます。

　それでは，幼い子どもはどのように対処するのでしょう？

　幸いなことに人間の脳と身体には，たとえ赤ん坊でもできることがあります。私たちは，解離したり，麻痺したり，虚脱したり，自分の身体から離れたりすることができます。また，こころが分離して断片化したりすることもあります。もともと脳は領域ごとに分かれているので，断片化は難しいものではありません（Fisher, 2017）。

脳の構造が断片化を促進する仕組み

　脳は構造的に右半球と左半球の2つの大きな領域に分かれており，それぞれ非常に異なった機能と能力を持っています。赤ちゃんは脳の両半球を持って生まれてきますが，幼少期のほとんどは右脳優位で，行動や感情を司るのは皮質下に依っています。発達の遅い左脳は，2歳頃と思春期に成長のピークを迎えますが，ごく徐々にしか達成されません。左右の脳が互いに話し合い協働するためには，その間にある細長い，脳梁という第三の領域が必要です。幼少期は，右脳の経験と左脳の経験が比較的独立しているため，いざというときには断片化が起こりやすいのです。トラウマを受けた子どもや10代の若者と，受けていない子どもや若者の脳を比較した研究で，トラウマ群は脳梁が平均より小さいということがわかりました。要するにトラウマを受けた脳は未発達になるので，左脳と右脳のコミュニケーションが乏しくなるのです。その結果，トラウマサバイバーは左脳の情報が右脳とうまく働かなかったり，その逆も起こることになります。

　図7.1が示すように，右脳は早期から発達するもので，非言語の領域です。一方左脳は，発達するのに時間がかかり，言語能力や，経験を時系列的に言葉で記憶する能力があるところです。右脳は身体言語や顔の表情を読み取る能力に優れ，左脳は言語による解釈能力に優れています。右脳は物事をどのように感じたかを記憶し，左脳は何が起こったかを記憶します。私たちはトリガーされると，右半球がより活発になります。また，計画立てや問題解決を行っているときは左

82

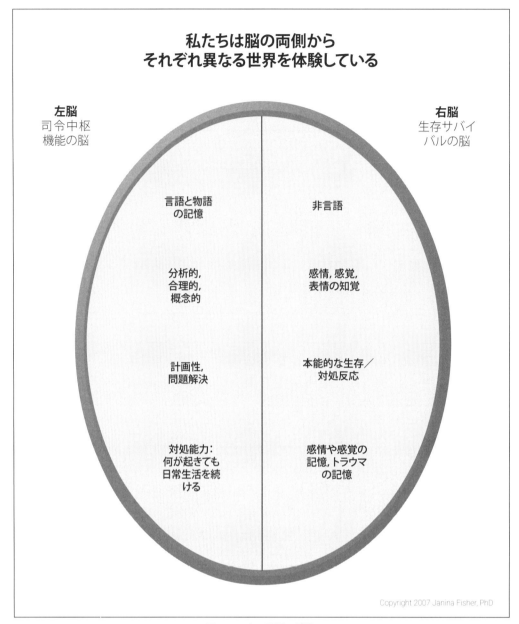

図 7.1　脳の両側の機能

半球がより働きます。一方は非常に感情的で反応的ですが，言葉を持たないので理性にアクセスできません。もう一方は論理的で理性的で，かつ言葉を持ちますが，感情には疎いのです。このように私たちはもともと2つの人格を持っているようなものなのです。このような二面性は，誰しもが経験したことがあるのではないでしょうか？　衝動的に決断してしまいそうになると，左脳が理性で制止します。左脳は，罠かもしれない，傷つくかもしれない，いい人になりたい，などと私たちにさまざまな考えを起こします。また，病気や悲嘆や強いストレス下にあって，折れてしまわずに1日を乗り越えられるかどうかわからないときも，どういうわけか進み続ける能力

が自然と作動して，考え，機能的に動けるということがあります。

パーソナリティの解離したパーツたちを理解する

　この生物学的状況は，オノ・ヴァン・デア・ハート，エラート・ナイエンフュイス，キャシー・スティールによって開発された構造的解離モデルとして知られる理論の基盤となっています（2006）。これは慢性的にトラウマを受けた個人（例：1 人以上の加害者によって複数の種類の虐待やネグレクトを慢性的に受けた）や，家庭内での虐待の他に複数回のトラウマ的な出来事を経験している個人に及ぼされる影響を理解するために考案されたトラウマのモデルです。

　このモデルによると，トラウマ的な環境では，より本能的な右脳が過剰警戒や行動への準備を維持することで危険に備えるよう刺激され，その一方で左脳側の人格は，「継続することを続け」てその日を乗り越え，何があっても人生を進めていきます。このため，虐待を受けた子どもは，警戒して身を隠す準備をしながらも，通学し，他の子どもたちと遊び，宿題をすることができるのです。右脳では恐怖や恥ずかしさを感じ，左脳では自信を持って学生，スポーツ選手，芸術家，科学者としてのスキルを身につけることができるかもしれません。

　図 7.2 は，この生存に関わる分離のモデルです。ストレス下では，左脳と右脳のパーソナリティがより独立して稼働します。ですから私たちは，2 つのことを同時にできるのです！　何事もなかったかのように過ごすことをしながら，次々に起こり続ける脅威に備えるということができるのです。これらは，どちらも生き残るために必要なことです。構造的解離理論の著者たちは，左脳の自己を「あたかもノーマルな人格のパーツ」と名付け，正常なふりをしていることを示唆しました。しかし私はすぐに，クライアントにとって「あたかもノーマル」という表現では，その重要な役割を理解しにくいことに気づきました。そこで私は，左脳の自己を，偽りや見せかけの自己ではなく，日常を「継続することを続ける」という生存に関わる本能的な衝動を反映していることを強調するために「日常を送る自己」と改めて名付けました。このパーツの前向きで進化的な機能を強調し，あたかもトラウマに関連した衝動だけを「本当の自己」として扱い，機能することに寄与しているパーツを「偽りの自己」と見なす傾向に異議を唱えたかったのです。

　さらに，「日常を送る自己」の前向きな目的と目標を強調することは，サバイバーに，防衛関連パーツたちの強烈に溢れかえる感情を，無視するのではなく，統制する能力を強化することを促します。右脳の人格パーツたちは，この理論の著者たちと同じように感情のパーツと考えることもできますし，トラウマを受けた人格のパーツと呼ぶこともできます。論理的で理性的で機能していた個人が，ほんの 5 分後には感情や衝動に圧倒されるというのでは，非常に混乱してしまい，自分はおかしいのではと思ってもおかしくありません。しかしこのモデルを用いれば，私は狂っているわけでも偽っているのではない，と安堵できるでしょう。トリガーされたときの反応や圧倒される感情を，トラウマを受けたパーツとして識別することを学び，「日常生活を送る」パーツを，偽りの自己ではなく資源，リソースとして理解することができるようになるのです。

　　タミーは自分の誕生月の 7 月になると，自分を大事にしてくれる人を求めたり，誕生日に自殺

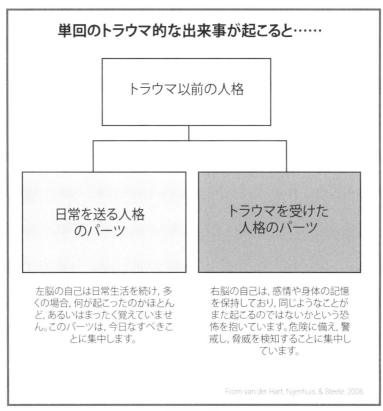

図7.2　構造的解離モデル

するための入念な計画を立てたりを繰り返します。自殺の危険性があるため入院したり，朝ベッ
ドから出られずに何日も仕事を休んだりすることをここ数年続けていました。ある年，月末に「月
間最優秀社員賞」を受賞したことを知り，彼女は大変ショックを受けました。何度も病欠の連絡
を入れていたにもかかわらず，他の一度も休んだことのない社員よりも，極めて高い生産性を発
揮していたらしいのです！　それにより，彼女は自分自身が孤独や自殺願望だけの存在ではない
ことに初めて気づいたのでした。

> 「ワークシート19：構造的解離モデル」を使って，あなたの2つの側面を探求
> してください。どちらの特徴についても，悪い，恥ずかしい，偽りだ，といった
> レッテルを貼らないようにしましょう。ただ，あなたの内なる苦悩と，あなたの
> 脳のどの側面が葛藤状態にいるのかに興味を持つようにしてください。

危険が度重なるほど特定の生存に関連するパーツが必要になる

　構造的解離モデルによると，トラウマ的経験が繰り返され慢性化すると，より複雑な分離や断
片化が適応策として必要とされます。これもまた，身体と脳の論理に従ったものです。子どもは

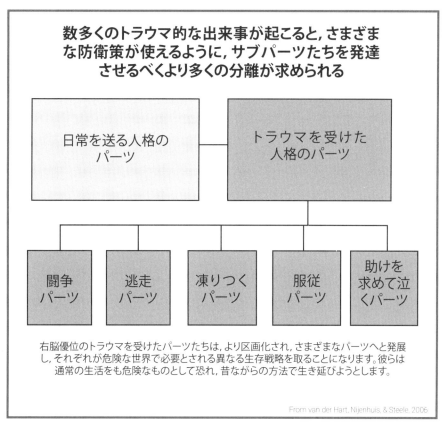

図 7.3　トラウマを受けたパーツたちを防衛者として理解する

　養育者の保護がない場合，動物の本能的な防衛生存戦略（闘争や逃走，助けを求めて泣く，恐怖で凍りつく，虚脱する，服従する）を使うようになります。そして，慢性的なトラウマによって，人格のサブパーツたちが各々に異なる形態の自己防衛をするために，自発的に発達してゆくのです（図 7.3 参照）。このモデルでは，断片化や構造的解離は，繰り返されるトラウマに対する正常な本能的適応策であり，必ずしも解離性障がいのエビデンスではないことがはっきりしています。こうした考え方はあなたにとって共感できるものかもしれません。

　たとえば，子どもにとって，反撃したり，怒りを表現するのが危険な家庭環境では，断片化によって，怒りのパーツが分離されていれば，子どもは怒りを感じる必要がなく，そのため大人にも感知されないので安全です。また，子どもが泣いたり，（大人に何が起こっているかを伝えるため）助けを求めることは，さらに危険な事態を招く家庭もあるでしょう。助けを求めて泣くパーツが断片化されていることで，子どもはある状況（たとえば，祖父母や先生の前）では泣いたり苦痛を示したりできますが，虐待する親の前では決して悲しそうな顔をしないということが可能になります。また，助けを求めて泣くパーツは親密さと保護を求めますが，こうしたことは虐待する親の前では危険に自らをさらすことになります。断片化は，トラウマ的な環境のもとでは，非常に複雑かつ洗練された適応を可能にしてくれます。日常を送るパーツが学校に通い，大学進学やトラウマを乗り越えた先の人生を計画する一方で，服従パーツが，話しかけられるまで

口をきかないのが適応的で，希望を持つことがリスクとなる家庭環境を生き残れるよう，絶望感や無力感をもたらすことがあります。また，日常を送る自己が将来の計画を立てていながらも，自殺志向の闘争パーツが事態が悪化した場合の抜け道を考え，逃げるパーツが服従パーツの絶望と凍りつくパーツのフラッシュバックを何とかしようと大量に飲酒をするということが起こります。

　　　　カーリーは，幼い頃から自分の将来に希望と夢を抱いていました。そして，19歳の時に大学でパートナーと出会い，いつか家庭を持ち，セラピストとして活躍することを想像するようになったのです。しかし，この夢と希望は，毎日の悪夢とフラッシュバックによって挫かれました。これらの症状が，彼女を圧倒し，すべてをあきらめようと絶望するパーツをトリガーしました。残念なことに，それは彼女の自殺願望のパーツにとって，常に圧倒されながら生きるよりも，どうやって死のうかという新たな計画を始めるきっかけになるのでした。「私は死にたいとは思わないわ」と彼女は言います。「だって生きてやりたいことがたくさんあるんだもの。私は，なぜ自分が自殺しようとするのか理解できないの」。

　安全でない環境で育った子どもにとっては，変化する状況に対応するために，これらのサブパーツたちすべてが必要な場合があります。たとえば，学校に行くには，授業に集中し，学び，仲間や先生と社会的に関わることができる人格のパーツが必要です。家庭では，時に無関心でネグレクトをしたり時に暴力的な両親のもとで，さまざまな方法でのサバイバルに特化したパーツたちが不可欠になります。たとえば，虐待者の声や足音を聞くことは，恐怖を感じる（凍りつき）パーツのパニックのトリガーとなり，身体に危険を知らせるかもしれません。遊びごころがあるパーツは，親のイライラした気分を和らげて笑わせることで（社会交流），ポジティブなつながりを促進しようとするかもしれません。世話をするパーツ（服従）は，暴力に直面している自分自身や弟妹を守ろうとするかもしれません。また，過剰警戒の闘争パーツは，両親の気分を注意深く観察し，どのように防御するのが最も効果的かを予測することでしょう。

> 「ワークシート20：トラウマ関連のパーツたちを特定する」を使って，パーツのモデルと自分自身の症状や苦悩とを結びつけてください。正確である必要はありません，自分のどのパーツが内気なのか，どのパーツが恥じているのか，どのパーツが不信感を抱いているのか，などに何となく興味を持ち始めるだけでいいのです。このモデルになじみがなくても，直感的に理解できるかどうか試してみてください。

　通常，日常を送るパーツは，日々の優先事項（例：仕事で機能する，子どもを育てる，ペットを世話する，家事をする，個人的および職業的目標を設定する）を遂行しようとします。しかし，こうした日常の活動は，トラウマを受けたパーツがトリガーされ，圧倒される感情，抑うつや不安，過剰警戒や不信，自己破壊的行動，将来に対する恐怖や絶望が生じることで，支障をきたすことになります。多くのサバイバーは，トラウマに関連するパーツたちの感情や生理的反応に圧倒されたり，ハイジャックされて治療に訪れます。また，これらの反応を切り離し，否定して慢

性のうつに陥ったり，離人感に苛まれて治療にやってくる場合もあります。

　　　　ジェラルディンは，自分が子ども時代をうまく生き抜いてきたと自負していました。38歳まで
　　　には，彼女は家を出て幼なじみの恋人と結婚し，専門的な仕事に就き，出産し，夢のマイホーム
　　　を手に入れました。彼女は，自分が成功したのだと思いました。彼女はついに今まで望んでいた
　　　すべてを得て，そして今，彼女はついにリラックスすることができました。そんなある日，彼女
　　　は言いようのない圧倒される恐怖，絶望，どうしようもない感情に襲われ，震えながら目を覚ま
　　　したのです。トラウマが渦のように襲ってきて，氾濫するパーツたちが彼女の身体をハイジャッ
　　　クしました。この感情の嵐が何を意味するのかわからないまま，彼女はセラピストに会いに行き，
　　　幼少期の辛い過去を話すことで癒されると言われました。その結果，さらにパニックに陥り，圧
　　　倒されてしまいました。それから，彼女の感情は身体をむしばみました。眠れない，食べられない，
　　　じっとしていられない状態になったのです。震えていないときは，嘔吐していたので食事が喉を
　　　通りませんでした。別のセラピストには「治療に対して不安が高すぎる」と言われ，また，別の
　　　セラピストには「治療抵抗が強すぎる」と言われました。ジェラルディンは仕事上では専門家と
　　　して非常に優秀だったので，誰も彼女がトラウマやトラウマに関連した解離に苦しんでいるとは
　　　思いませんでした。

あなたの診断名を理解する

　構造的解離の理論は，慢性的なトラウマを受けた人のパーソナリティの理解について説明し
ているものなので，精神医療の専門家によって与えられる多くの診断名と一致しています。複雑
性PTSD（C-PTSD），境界性パーソナリティ障がい（BPD），解離性同一性障がい（DID），特定
不能の解離性障がい（DDNOS）などです。もしあなたがこれらの診断を受けたことがあるなら，
それらはすべて，断片化することで生き延びたトラウマサバイバーによくつけられる診断名であ
ることを思い出してください。これらは，あなたが精神疾患を持っていることを意味するもので
はありません。ここでは，これらの診断をパーツたちの発現として考察していきましょう。
　もしあなたが境界性パーソナリィ障がい（断片化された個人に最もよく診断される）と診断さ
れたなら，それはあなたが非常に強い助けを求めて泣くパーツと，非常に強い闘争パーツを持っ
ていることを意味します。別離や孤独，失望，寂しさに耐えることが難しく（助けを求めて泣く
パーツ），誰かが助けを求めて泣くパーツを不穏にさせたとき，怒りや自分を傷つける衝動（闘
争パーツ）をコントロールすることができなくなっているのです。あなたは仕事関係や親として
はうまく機能しているかもしれません。しかしそのような領域でもこれらのパーツたちがトリ
ガーされると，困難をきたすことに気づいているでしょう。
　もしあなたが，解離性障がいの診断を受けたとしたら，構造的解離の理論では，より明確に観
察できる区画化があり，パーツたちの感情や衝動に乗っ取られることが多いということです（た
とえば，闘争パーツの強烈な怒りや，服従パーツの絶望や恥などです）。なぜこのような強い感
情に巻き込まれてしまうのか，なぜ自分やほかの人を責めてしまうのか，理解できないかもしれ
ませんが，自分の言ったことやしたことへの意識はあることでしょう。
　もしあなたが，解離性同一性障がい（DID）の診断を受けた場合，トラウマに関連したパーツ

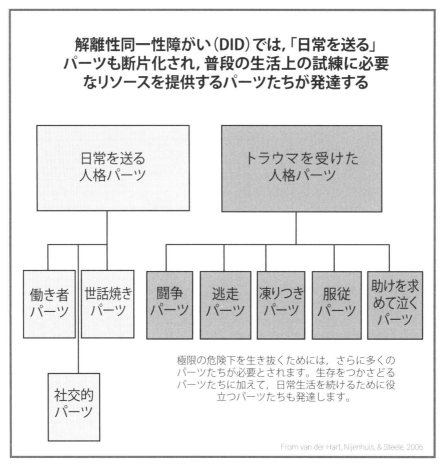

解離性同一性障がい（DID）では,「日常を送る」パーツも断片化され,普段の生活上の試練に必要なリソースを提供するパーツたちが発達する

日常を送る
人格パーツ

トラウマを受けた
人格パーツ

働き者
パーツ

世話焼き
パーツ

闘争
パーツ

逃走
パーツ

凍りつき
パーツ

服従
パーツ

助けを求
めて泣く
パーツ

社交的
パーツ

極限の危険下を生き抜くためには, さらに多くの
パーツたちが必要とされます。生存をつかさどる
パーツたちに加えて, 日常生活を続けるために役
立つパーツたちも発達します。

From van der Hart, Nijenhuis, & Steele, 2006

図 7.4 「日常を送る」自己から助けを得る

たちの数が多いだけでなく, 日常を送る自己やその促進に役立つリソースパーツ, たとえば, 職業パーツ, 子育てパーツ, 特別な才能や社交性のあるパーツなどを持つ可能性が高くなります（図 7.4 参照）。

> **「ワークシート 21：構造的解離の徴候」**を使って, 自分自身の断片化の経験を探ってみましょう。あなたがよく経験するさまざまな反応を, 異なるパーツたちの反映と考えることが役立つかに気づいてみましょう。特に内面の葛藤や矛盾する反応に気づいたら, パーツたちの間で対立している可能性があるとみなし, ただ興味をもってください。

　さらに, DIDの場合は, パーツたち自体が生命を持ちます。それらは身体を乗っ取り, 意識の外で行動することができます。DIDの重要な特徴は, 自分が思い出せないような言動や行動をしたという証拠があることです。何時間も, 何日も, あなたが明らかに行っているはずの特定の活動を, 思い出せないことがあります。

　組織のコンサルタントとして働き成功しているセリアは，履歴書を更新しているときに，1990年に自分がまったく記憶のない賞を受賞していたことを発見して驚きました。受賞した記憶がないだけでなく，受賞に値するような何をしたのかも思い出せないのです！　以前から自分がDIDではないかと疑っていましたが，この発見によってその考えが裏づけられたようです。アニーはDIDの診断を裏づける不穏な証拠を発見しました。それは，最も古い友人から，どんなことがあっても二度と連絡はして来ないで欲しいという手紙を受け取ったときでした。「先週あなたが私に言ったことは残酷で絶対に許せない。もうこれ以上傷つけられたくない」。最近彼と話した記憶がない彼女は，なぜ彼にそんなに怒っていたのか，何を言ったのか想像さえもつかなったのです。

構造的解離の徴候や症状を認識する

　構造的解離モデルでは，フラッシュバックや麻痺といったPTSDの一般的な症状に加えて，断片化，離人感，離脱の体験，統合の欠如，人格パーツの間の内的対立といった症状はすべてトラウマ体験の遺産として説明されます。

　構造的解離が自分に当てはまるかどうかわからない場合は，以下の一般的な項目が自分の生活の中で問題や課題になっていないかどうかを確認することから始めてみましょう。

- **セラピーによる効果が限定的である。**セラピストに助けを求めたが，セラピーがあまり進歩や明瞭さをもたらさなかった。あるいは，さらに悪いことに，セラピーが，助けになり役に立つというよりも，混乱を起こし，不安定さをもたらし，圧倒されるようなものであった，また，症状が良くなるどころかより深刻になった。
- **身体的な症状。**痛みに対して異常な耐性がある，あるいは異常なほど過敏である。偏頭痛がする，睡眠欲は異常なほどだが寝ても休んだ気がしない，など。時としてめまい，吐き気，嘔吐に悩まされ，向精神薬が効果的でない（副作用が強すぎるか，単に薬が効かないかどちらか）。
- **記憶の症状。**1日に何に時間を費やしたかを思い出すのが困難で，他の人は覚えているのに自分は覚えていない会話や活動をしたことがある。飲酒や薬物を服用していないときでも，失神したことがある。あるいは，仕事場から家に帰るなど，慣れた場所を運転していても，よく道に迷う。またとても簡単でよく行うことでも，突然やり方を忘れてしまう。
- **断片化の微妙な発現。**仕事や育児はうまくいっているが，しばしば，あるいはときどき，圧倒された感じ，見捨てられ感，落ち込み，恥，あるいは自殺願望や自己破壊的衝動を感じる。

　これらの項目の一つにでも当てはまれば，構造的解離の可能性は十分にあります。構造的解離を持つ人の中核的な課題は，トラウマに関連するトリガーが自分の断片化したパーツたちに影響を与えることです。トリガーがあると，トラウマに関連したハイジャックが起き，他のパーツたちによって日常を送るパーツが乗っ取られ，トラウマ関連のパーツたちと日常を送るパーツの間で内的葛藤が起こります。たとえば，1日の「やることリスト」を達成するのが外出恐怖のパー

ツによって制限されたり，もっと仲良くなって親密になりたいという願いが，闘争パーツの人間関係への不信感によって打ち消されたりするのです。このような内なる葛藤は，思考，判断，症状や衝動の統制の困難として反映されるでしょう。以下は，構造的に解離したパーツたちの存在が日常生活でどのように現れるかを，より詳細かつ具体的に挙げたものです。

・子どものパーツたちのエビデンス。実年齢がどうであれ，身体が小さく，身ぶりが幼く感じられる。時には，突然話すことができなくなったり，拒絶されたり見捨てられたりするのをひどく心配したり，一人ぽっちでいることが難しくなったり，基本的な活動（たとえば，買い物，料理，運転，コンピューターの電源を入れるなど）をするのに手助けが必要になったりすることがある。

・優柔不断のパターン。日常の些細な決断さえも難しくなり，活動，人間関係，仕事にコミットすることができなくなる。一度決めてもまたすぐやり直したり，新しい仕事や人間関係を簡単に始めては，失敗してしまう。他者に対しては非常に責任感が持てるにもかかわらず，自分に対しては非常に無責任になるときもある。

・自己破壊的な行動や依存的な行動のパターン。家族や仕事，生活に対して献身的であるにもかかわらず，自分では決して選ばないような行動をとっていることに気づく。たとえば，日常を送る自己は「もう夜中に暴飲暴食はしない」と誓うかもしれないが，その数時間後には，アイスクリームの大きなカップをすでに半分ほど食べている自分に気づく，など。

・「今，ここ，現在の瞬間にいる」ことの困難。日常を送る自己は，過去のことを考えないようにしているが，トラウマ関連のパーツたちは，慢性的に危険，恐怖，怒り，悲しみ，孤独にとらわれている。

・パーツたちの圧倒的な感情や衝動を和らげ，統制したりすることの困難。普段の生活がとても安心でき，安定したものであっても，トラウマ関連のパーツたちはトリガーを，子ども時代と同様に破滅する，屈辱を与えられる，見捨てられる危険にあるサインであると解釈してしまう。

　　もしジェラルディンが構造的解離の知識を与えられていたなら，このモデルに共感したことでしょう。彼女が経験している恐怖や脆弱さは，自分が知っている自分ではないように感じられたはずです。しかしどのセラピストも，彼女がそれを理解し，起こったことを改善する手助けはしていませんでした。彼女は自分を神経衰弱だと思っていた矢先，痛み止めという一縷の望みに出会いました。抜歯後，オピオイド系の鎮痛剤を投与された彼女は，身体の痛みが和らぐだけでなく，神経が落ち着き，感情がおさまることを発見しました。やがて毎日，そして1日に何度も痛み止めを使うようになったのです。彼女はこれが逃走パーツの行動化によるアディクションであると知りませんでした。また服用していることは意識していましたが，その薬が自分に害を及ぼすという考えは，日常を送る自己の意識には上がらなかったのです。もし自分の娘が同じ薬を飲んでいたら，母としてそれが危険な行動であることをわかったでしょう。しかし，薬を飲むことは彼女の逃走パーツによる衝動だったので，彼女とは完全なつながりを失っていたのでした。

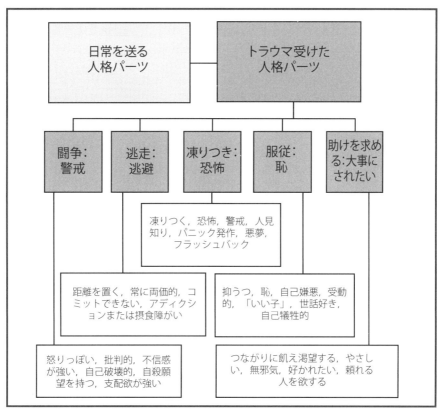

図7.5　自分が誰であるかを把握する

　トラウマに関連するパーツたちがトリガーされると，それぞれが図7.5に見られるような動物の防御を反映した特徴的な反応をすることになります。凍りつきのパーツは広場恐怖になるかもしれません。服従パーツは恥，落ち込み，絶望感からベッドにひきこもることになるでしょう。過剰警戒の闘争パーツは過敏性，不信感，警戒心をもって人々を遠ざけます。自殺企図や自傷行為に走るパーツは，かつて子どもだったときにある程度のコントロール感を感じられた（「ひどくなったら死ねばいい。眠って二度と目覚めなくてよい」）ことから，脅威，喪失感，脆弱性――他のパーツたちの脆弱性でさえ，闘争パーツには耐え難いということもあります――にトリガーされると強い自己破壊的衝動を持ち続けさせます。逃走パーツは，トラウマに関連した圧倒的な感情や感覚を何とかすべく，依存行動，摂食障がい，セックス依存，およびその他の安らぎ（または「逃避」）を得る行動に出ます。そして，闘争－逃走パーツが行動化すると，従順で大事にされたいパーツは恥じて落ち込み，自己嫌悪でいっぱいになり，助けを求めて泣くパーツは見捨てられないように懇願するかもしれません。多くの場合，サバイバーはこれらすべての異なる感情や反応によって混乱し，無力感を感じて，圧倒されるのです。そして人生がよりコントロールできない困難なものになったように感じるのです。

　「ワークシート22：パーツの言葉で話す」を使って，パーツたちの言葉を話し，その感情や衝動のブレンド化（パーツと融合すること）を解除する練習をしましょ

う。左側の欄を使って，自分自身の感情や反応を特定し，右側の欄を使って，感情をパーツの言葉に置き換えてください。

トラウマ関連の解離や断片化されたパーツたちに取り組む準備をする

これまでの章で学んだように，トラウマ的な記憶に関する科学的研究は，突発的なトリガーとそれに続く想起が，自律神経系の賦活化と前頭前野や思考脳の不活化をもたらすことを教えてくれています（van der Kolk, 2014）。危険にさらされていると感じる一方で，実際の脅威の程度を識別する能力は失われています。生存にまつわる反応（恐怖，恥，過呼吸，緊張，退行，虚脱，激怒，隠れようとする衝動，無価値感，不全感）が繰り返し活性化されることで，脳と身体はより過敏に，トラウマを想起させるものに自動的に反応するようになります。身体の反応だけでなく，トラウマに関連するパーツがトリガーされると，さらなる悪循環に陥る可能性があります。

断片化による課題を解決し，この悪循環を断ち切るには，まず前頭前野のスイッチを入れることが必要です。気づきの脳がなければ，トラウマ回復のための作業を行うことは不可能です。本書の図やワークシートを使って，トリガーとトリガーされた反応，耐性領域，構造的解離モデルを常に覚えておくようにしましょう。以下の提案をこころに留めて実践することで，前頭前野を活用し，感情や衝動に振り回されることなく，トラウマに関連するパーツたちを俯瞰することができるようになります。

1. **強烈で侵入的な感情，思考，衝動は，パーツたちからの対話であると仮定してください。**麻痺やエネルギーの喪失も同様です。これは単純化しすぎかもしれませんが，傷つき，怒り，恥，恐れなどすべての苦痛が，あなたの自己全体の感情を反映していると仮定するよりは安全です。子どもと大人では，苦痛への対処の仕方が異なります。大人であれば，感情に対処して和らげる方法があり，自己表現についても制御することができます。トラウマを受けた子どものパーツたちは，行動化や反応的になる以外に苦痛に対処する方法がなく，実際の安全レベルを現実的に確認する能力もありません。もしあるパーツがトラウマ的な活性化を危険と解釈し，あなたもそうしていたら，脅威の感覚を強化し続けることになります。しかし，苦痛を自分の幼いパーツからの対話であると認識すれば，感情や衝動，あるいは無感情との関係を変えることができます。圧倒されるのではなく，もっと好奇心と興味を持つことができます。もうご存じのように，好奇心を持つことは，前頭前野の活動を高めるのに役立ちます。自分のこころと身体が，こうしたトラウマに関連したパーツたちからの感情的・生理的な入力によって刻々と影響を受けているのを認識することも，考える脳を刺激することにつながります。パーツがトリガーされている徴候を認識できれば，考える脳がうまく働き始め，神経系が落ち着き，パーツをなだめ，希望をもたらすことができるようになるのです。

2. **「日常を送る自己」と「トラウマを受けたパーツたち」を区別する練習をしましょう。**私たちが年齢的に成人しているのであれば，私たちの誰もが，どんなに消耗し，意気消

沈し，機能しなくなっていたとしても，成人としての自己を持っているものです。しかし，「日常を送る自己」については，ほとんど意識していないかもしれません。なぜなら，自分ではどうにもできないと感じる，パーツたちの圧倒的な感情や理解しがたい振る舞いに注意が向くからです。あるいは，思考力，知識や技能，他人への気遣い，仕事の達成など，大人であることに関連する特定のスキルについては意識していても，これらの状態を，より安定し，思慮深く，機能する自己としてではなく，偽りの自己であるとして体験しているかもしれません。

　仕事に行く，子どもの世話をする，他者と交流する，友人と一緒に行動する，趣味に参加するなどの場面で，日常を送るパーツが今の生活においてどのような役割を果たしているかを確認するだけでも，役立つものです。たとえ自分のことを無能で詐欺師だと感じても，これらの活動のどれもが，日常を送る自己が生きている証拠だと信じてください。

　そして，仕事で肩身の狭い思いや強い感情に圧倒されたり，友人やパートナーとディナーに出かけた際に落ち込んで卑屈になったときなど，それは日常を送る自己ではないと気づくようにしてみましょう。傷つきやすい感情は，幼くて圧倒を感じている，トラウマ受けた子どものパーツに属していると，ロジカルに仮定するのです。あなたが上司に怒りを感じ，皮肉っぽくなるとき，それは日常を送る自己でしょうか？　権威を持つ人に対して怒りを感じて言動の結果を気にしなくなるのは，どのパーツによってでしょうか？　どの年齢，発達段階での特徴的な行動や考え方でしょうか？　いくつ頃の子が，見捨てられたり愛されなかったりすることを心配するのでしょう？　どのような行動や反応が「日常を送る自己」に当てはまるのか，またどのような行動や反応が，子どものどのような年齢や段階に当てはまるものなのかを区別し始めると，トラウマを受けたパーツたちをより理解することできます。パーツたちは，意図的にあなたの人生を複雑にしているわけではありません。パーツたちはトリガーされると，その感情，行動，反応は，悪意によってではなく，恐怖によって引き起こされるのです。日常を送るパーツの仕事は，大人が通常行うこと——子どもたちが安心を感じ，安定し，保護されていると感じられるようにすること——です。そうした仕事はいつも，理解することから始まります。子どもや子どものパーツたちは，話を聞いてもらい理解されたと感じると，より安心するものなのです。

3. パーツたちの言葉を話す。パーツの言語を練習してみましょう。症状，葛藤，侵入的な感情，衝動的行動，行動の不能を，パーツからの対話として解釈すると，パーツたちの瞬間ごとの反応に気づき，好奇心を持つ作業を簡素化できます。さらに，「ブレンド解除」(Schwartz & Sweezy, 2020) というもうひとつの重要なスキルの発展を助けます。ほとんどの人は，パーツたちの感情の氾濫に巻き込まれると，パーツと「ブレンド化」してしまいます。私たちはパーツにも「私」という一人称言語を使う傾向があり，それによってパーツの反応と私たちの同一性が強まります。そうするとパーツの感情や衝動に従って行動する可能性が高くなるのです。私たちは不安や怒り，恥を感じ，それを「今日はとても不安だ」，「とても落ち込んでいる」と，**自分の感情として**語ります。そ

して，現在の状況に基づいて感情を解釈しようとします——「就職の面接が近いからかな？」と。多くの場合，私たちはパーツたちからの対話をどう解釈したかに基づいて行動を起こします。「面接はキャンセルした方がいいかもしれないけど，どうしても仕事が必要なんだ」。

　ギリアナは，手に入らない男性に惹かれ（「生存のための愛着を示す」パーツ），明らかに自分に魅力を感じ，優しく親密さを求める男性に反発する（「闘争−逃走パーツ」）ことばかりを繰り返していました。ギリアナは普段，日常を送る自己が働くと，非常に機転が利くのですが，そばにいてくれる優しい男性には退屈感や嫌悪感を感じて，追い払い（闘争パーツ），一緒にいてくれない不誠実な男には何かと理由をつけて，あきらめませんでした（愛着パーツ）。しかし孤独や寂しさを募らせることもありました。45歳になった彼女は，パートナーや家庭を持つことを切望していました。彼女はその時々に反応しているパーツたちにブレンド化してしまうため，関係性にまつわる終わりのない内的葛藤を解決することができなかったのです——それぞれの異なる反応をパーツたちのものとして識別できるようになるまでは。「私のパーツの1つは，デニスが私にどれだけ忍耐強く，愛情深く接してくれるか感謝しているわ。これこそ私が求めてきたものなの。でも私の他のパーツは，彼は退屈と言うの。そしてまた，彼にはまったく魅力を感じないと不満を言うパーツもあるわ。どうやって魅力を感じない男と私は一緒にいられるのかしら？今まではそう思ってきたけど，これからは最初に彼に会った頃の気持ちを思い出すわ。そして何より覚えておかなくてはならないのは，私が関係に求めるもの。それは，つまり愛と尊敬なの」。

　パーツ言語を使用すれば，苦悩はパーツのものであることに気づきやすくなります。「私は落ち込んでいます」と言うと，身体やこころが全体として落ち込んでいることを確認しているだけですが，「私のパーツが落ち込んでいます」と言うと，そのパーツへの共感が示されるのと同時に，落ち込んでいない他のパーツたちもいることを伝えることができます。また，パーツ言語は，セルフコンパッション（自分への慈悲や共感）を高めることも可能にします。怒りや寂しさ，恥などの感情を，幼いパーツからの対話として捉え直すと，その感情に対してより共感的になれるのです。

　ブレンド化とそれが解除された状態についてクライアントに教えるには，セラピストは，これまでとはまったく異なる役割を担う必要があります。トラウマに関連した感情に共感し，クライアントがそれとともにいられるよう助けるのではありません。トラウマを受けた個人を支援するには，クライアントがまずマインドフルになって，感情から**距離を置く**ことを教える必要があるのです。パーツに潜在的，非言語的記憶を持つものとして興味を持たせるようにします。そして苦痛な感情に好奇心を持てるよう，パーツの言語を使用するようにします。「彼女は，辺りがもうこんなに早く暗くなってしまって不安を感じているみたい」などのように。自分がブレンド化されていることを知って，ブレンド化を解除すると，自分の内的葛藤をより理解できるようになります。そして，1つのパーツまたはパーツたちのひとつの集団に基づく決定や結論づけを，避けることができるようになるのです。

　よく構造的解離になじみのない専門家は，解離や断片化を悪化させるという懸念から「パーツ」という言葉を使わないようにする傾向があると聞きます。その心配はもちろん理解できます

が，私たちが思考や感情，身体反応に気づき，それをパーツの発現として名づけるとき，実は脳内で**統合の活動**と呼ばれるものが促進されているのです。私たちは，全体のうちのパーツとしてそれらを観察し，区別しなければ，自分自身の側面を統合することはできないのです。

パーツを助けることを学ぶ

　次の段階では自分のパーツたちを助けたり，なぐさめたりすることを練習していきます。あなたの神経系やパーツたちが圧倒されたり，反応的になったり，麻痺したりしないように手助けするたくさんの方法のうちのいくつかを紹介していきましょう。トラウマ的な反応の強烈さが緩和されると，トリガーへのあなたの（そしてパーツたちの）反応も徐々に和らいでいくでしょう。

- ワークシート15で作成した10%の解決策を使いましょう。どれが自分だけでなくパーツたちにも最も役立ちそうか考えてみましょう。
- センサリーモーター心理療法（Ogden & Fisher, 2015）の次に示すようなソマティックなリソースを使用して，神経系を調整し，すべてのパーツを助けることを学んでください。たとえば，床の上に足があることを感じることは，パーツたちがパニックになっていても，あなたが地に足がついて落ち着いていることを伝えることができます。心臓のあたりに手を置けば，怯えているパーツや孤独なパーツに，だれか支えてくれる人がいることを知らせることができるかもしれません。背筋を伸ばし，あごを少し上げると，絶望しているパーツに希望を伝えたり，無価値だと感じているパーツの恥の感覚を減らすのに役立つかもしれません。
- 図7.6にある内的家族システム療法（Schwartz, 2001）の8つのCの資質を実践してみましょう。どんなにトラウマを経験しても，人間は誰でも，好奇心curious，落ち着きcalm，明晰さclear，思いやりcompassionate，創造性creative，勇気courageous，つながりconnected，自信confidentを持つ能力を持っています。そして，これらのCの資質は失われることはないのです。多くの場合，あるパーツに一歩下がってもらい，あるいはリラックスするように求めるだけで，「C」の資質が自然に現れます。しかし，パーツに対して，より好奇心を持ち，より思いやりを持ち，より創造的あるいは冷静に接しようとするだけでも役に立つでしょう。
- 内的対話と内的協調を育む方法を学びます。トラウマを受けたパーツたちは，どんな人間も簡単には信頼しません。またあなたの日常生活を送る自己のことも，関係を構築し，あなたが彼らのために一緒にいるという感覚が作られないことには信頼しません。パーツたちに簡単な質問をして，話しかける練習をしましょう。「もし＿＿＿＿＿＿＿＿＿＿なら，何を心配しているの？」，「死ぬことで何が助けになるの？」，「無希望を感じることでどうなるの？」。パーツたちは常に善意を持っており，危険であると認識する世界であなたを助けようとしているのだと仮定してください。パーツたちを特定の出来事と結びつけようとはしないでください。彼らはあなたが逆境のなかを生き延びることを助けるために生ま

内的家族システム療法では, セルフは, 感情や反応がパーツたちからの対話であると仮定することによって培われ, 強化されます

セルフ

好奇心, 思いやり, 落ち着き, 明晰さ, 創造性, 勇気, 自信, つながり

追放者

管理者

消防士

追放された感情, 恐怖, 欲求, 希望, 記憶を持つパーソナリティのパーツたち

追放者たちの感情や欲求を抑制し, 通常の生活を送ろうとするパーツたち

追放者が隠れているか, 気づかれずにいることを絶対に保証し,「身代わり」のような役割を果たすパーツたち

Adapted from Schwartz & Sweezy (2020)

図 7.6　8 つの「C」資質

れたのですが, パーツたちは生存に関連するものであって, 出来事に関連するものではないことを忘れてはいけません。

　「ワークシート 23：あなたの「C」の資質を強化する」を使って, あなたの「C」資質を探って強化しましょう。もしあなたがある資質を持っていないと思うのなら,「私は今までの人生で 1 分でも好奇心（あるいは思いやりや勇気）を持ったことがあっただろうか？」のように自問してみてください。これらの資質を身につけようとして無理に使う努力をする必要はまったくありません。このワークシートはあなたの「C」資質を成長させ, あなたのリソースとするためのものです。

　トラウマが過去のことと感じられるようになるには, トリガーとなるものに直面しても意識し

てそこにい続け，日常生活の浮き沈みに耐えて，すべてのパーツが身体の中で安心できるようにする能力を獲得する必要があるのです。これには時間と練習が必要ですが，いったんあなたが今ここにいて，それぞれのパーツたちがあなたと協働するのを助けることができれば，トラウマは終わったと感じられ，ずっと昔に起こったこととして経験することができるようになるのです。

　ある感情が特定のパーツと結びついていることに気づくたびに——そのパーツの年齢や心の状態を聴き，興味を持ち，現在のトリガーと結びつけるたびに——あなたは自分のすべての側面を見ているのです。あるパーツを拒絶したり無視したり，他のパーツをより誇りに思うのではなく，あなたは自分のあらゆる側面を受け入れているのです。次の章で説明するように，あなたは癒しと解決が起こるための条件を整えているのです。

ワークシート **19**
構造的解離モデル

最初のトラウマが起こったのは何歳のときですか?

_____

_____

_____

**トラウマ以前の
人格**

**日常を送る
人格パーツ**

**トラウマを受けた
人格パーツ**

家族の世話，請求書の支払い，日課など，あなたのこの側面を反映していることをいくつか記述してください。

_____

_____

_____

_____

恐怖を感じる，怒っている，誰にも会いたくないなど，あなたがこの側面にいるときどのように見分けることができますか?

_____

_____

_____

_____

ワークシート **20**
トラウマ関連のパーツたちを特定する

　多くのトラウマ的な出来事が起こると，直面する危険に対してさまざまな方法で防衛できるように，より多くの分離が必要になります。

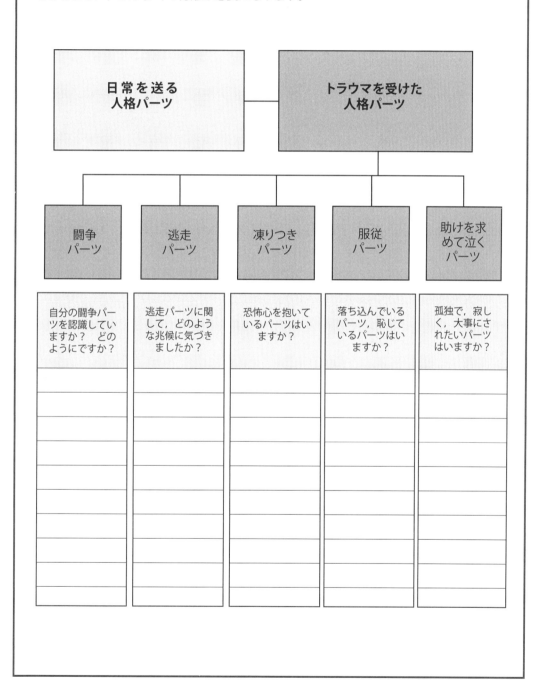

闘争パーツ	逃走パーツ	凍りつきパーツ	服従パーツ	助けを求めて泣くパーツ
自分の闘争パーツを認識していますか？　どのようにですか？	逃走パーツに関して，どのような兆候に気づきましたか？	恐怖心を抱いているパーツはいますか？	落ち込んでいるパーツ，恥じているパーツはいますか？	孤独で，寂しく，大事にされたいパーツはいますか？

ワークシート **21**
構造的解離の徴候

　以下の項目から，あなたは様々な側面に気がつくかもしれません。当てはまるものにチェックを入れ，右側にその感情や行動がどのパーツに属するかを書き込んでください。

- [ ] ある状況下では機能するが他の状況下ではしない。　＿＿＿＿＿＿＿＿＿＿
- [ ] 感情に圧倒されるときがある。　＿＿＿＿＿＿＿＿＿＿
- [ ] 突然の激しい身体的，または感情的な反応。　＿＿＿＿＿＿＿＿＿＿
- [ ] 自分の言動がコントロールできないことがよくある。　＿＿＿＿＿＿＿＿＿＿
- [ ] 不安が人生を支配している。　＿＿＿＿＿＿＿＿＿＿
- [ ] 「何かに取り憑かれている」ように感じる。　＿＿＿＿＿＿＿＿＿＿
- [ ] 自分を傷つけることをやめられない。　＿＿＿＿＿＿＿＿＿＿
- [ ] 飲酒や薬物を止めることができない。　＿＿＿＿＿＿＿＿＿＿
- [ ] 将来の計画があるのに生きていたくない。　＿＿＿＿＿＿＿＿＿＿
- [ ] 自分の身体をコントロールできない。　＿＿＿＿＿＿＿＿＿＿
- [ ] 意思決定ができない。　＿＿＿＿＿＿＿＿＿＿
- [ ] 他人に受け入れられるかどうか不安である。　＿＿＿＿＿＿＿＿＿＿
- [ ] 誰も信用できない，または簡単に信用しすぎる。　＿＿＿＿＿＿＿＿＿＿
- [ ] 見捨てられることを恐れている。　＿＿＿＿＿＿＿＿＿＿
- [ ] とっちらかっている。　＿＿＿＿＿＿＿＿＿＿
- [ ] うつが私の人生を支配している。　＿＿＿＿＿＿＿＿＿＿
- [ ] 自分のことが大嫌い。　＿＿＿＿＿＿＿＿＿＿
- [ ] 怒りが私の人生を支配している。　＿＿＿＿＿＿＿＿＿＿
- [ ] 恥が私の人生を支配している。　＿＿＿＿＿＿＿＿＿＿
- [ ] 他人を遠ざける。　＿＿＿＿＿＿＿＿＿＿
- [ ] 他者に依存しすぎる，どうか愛してほしい。　＿＿＿＿＿＿＿＿＿＿
- [ ] 自分が誰なのかもはや，わからなくなった。　＿＿＿＿＿＿＿＿＿＿
- [ ] 記憶に問題がある。　＿＿＿＿＿＿＿＿＿＿

　これらのさまざまな反応を，あなたの異なるパーツたちからの対話と考えるとどうでしょうか？

＿＿＿＿＿＿＿＿＿＿＿＿＿＿＿＿＿＿＿＿＿＿＿＿＿＿＿＿＿＿＿＿＿＿＿＿＿

＿＿＿＿＿＿＿＿＿＿＿＿＿＿＿＿＿＿＿＿＿＿＿＿＿＿＿＿＿＿＿＿＿＿＿＿＿

＿＿＿＿＿＿＿＿＿＿＿＿＿＿＿＿＿＿＿＿＿＿＿＿＿＿＿＿＿＿＿＿＿＿＿＿＿

ワークシート **22**
パーツの言葉で話す

　左側の欄であなたの感情や反応を特定してみましょう。そして右側の欄を使って，その感情をパーツの言葉（私のパーツは〜である。私のパーツは〜だと思っている）に翻訳してみてください。

感情や反応	翻　訳
☐ "私は落ち込んでいる"	☐ _____
☐ "私は失敗作だ"	☐ _____
☐ "死にたい"	☐ _____
☐ "絶望的だ"	☐ _____
☐ "自分は無価値だ"	☐ _____
☐ "誰からも愛されない"	☐ _____
☐ "自分を傷つけたい"	☐ _____
☐ "私は大丈夫だ"	☐ _____
☐ "強いお酒を飲みたい"	☐ _____
☐ "何もかも終わって欲しい"	☐ _____
☐ "私は誰も信用しない"	☐ _____
☐ "爆発しそうなほど怒っている"	☐ _____

　その感情や考えをパーツたちのものとして表現したときに，どのように感じられるかに気づいてみましょう。

_____

_____

ワークシート **23**
あなたの「C」の資質を強化する

このワークシートを使って，あなたにある「C」の資質と，それが生活の中でどのように現れているかを書き出してみてください。そして，これらの資質を強化する方法をいくつか考えてみてください。

> # セルフ
> 好奇心，思いやり，落ち着き，明晰さ，創造性，
> 勇気，自信，つながり

好奇心：＿＿＿＿＿＿＿＿＿＿＿＿＿＿＿＿＿＿＿＿＿＿＿

思いやり：＿＿＿＿＿＿＿＿＿＿＿＿＿＿＿＿＿＿＿＿＿

落ち着き：＿＿＿＿＿＿＿＿＿＿＿＿＿＿＿＿＿＿＿＿＿

明晰さ／見通し：＿＿＿＿＿＿＿＿＿＿＿＿＿＿＿＿＿

創造性：＿＿＿＿＿＿＿＿＿＿＿＿＿＿＿＿＿＿＿＿＿＿

勇気：＿＿＿＿＿＿＿＿＿＿＿＿＿＿＿＿＿＿＿＿＿＿＿

自信：＿＿＿＿＿＿＿＿＿＿＿＿＿＿＿＿＿＿＿＿＿＿＿

つながり：＿＿＿＿＿＿＿＿＿＿＿＿＿＿＿＿＿＿＿＿＿

覚えておいてください。「C」の性質を持たない思考，感情，衝動，身体的反応は，常に「パーツ」からの対話です。

第**8**章
癒しと解決

　心的外傷後ストレスは，哺乳類である私たちの生物としての遺産でもあります。トラウマが去った後でも，私たちの生存本能はこころと身体を過去に釘付けにします。視覚的なイメージが何度も再生されることがあります。また，私たちの感覚は潜在的な危険を察知するために過敏になり，音や光景，他の人間が脅威となると予測して，反応します。感情的にも身体的にも刺激されやすくなり，より激しく反応したり，逆にまったく反応しなくなったりもします。突然，耐え難い羞恥心を感じたり，言語能力を失ったり，全身全霊で「嫌だ！」と言いたいのに服従したりすることもあるでしょう。多くの場合，私たちは感じたことに圧倒されるか，あるいは不可解なほど無感覚になり，何もかもが難しく感じられるようになります。また何に対してどのように反応するのか，まったく予測できなくなることもあります。

　トラウマは，ある出来事が起こり，始まり，中間を経て，終わりを迎えたという感覚をほとんど残しません。生き延びたという安らぎの体感が持てないのです。過去は解決されておらず，「トラウマとなった出来事は終わった，もう過去のことだ，私は生き延びたのだ」という明確な実感が伴わず，統合に至らないのです。トラウマを受けた人は，その後何十年たっても，トラウマ体験の途中で時間が止まってしまい，恐怖，圧倒，無感覚，恥，どうしようもないほどの激怒など，自分がとっくに安全な側に無事にたどり着いたという自覚がないままになります。頭では終わったとわかっていても，トラウマがまだ身体や神経系に生きているため，安心できず正常な感覚を持てないのです。物語に終わりがない場合，サバイバーはどのようにして完結や解決の感覚を得るのでしょうか？

現在とつながり続けながら，過去を認める

　何十年もの間，専門家たちはトラウマとなった出来事を思い出し，それが終わったと感じるまで未解決の感情を再体験することによってのみ，解決という経験が得られると信じていました。確かに論理的な考え方ではありますが，この治療法はトラウマサバイバーに，逆効果を生じさせるものでした——安心感ではなく恥を，圧倒的な感情と自己嫌悪の増大を，自己破壊や人生を終わらせようとする衝動を，もたらすことがよくありました。トラウマの分野が始まって以来40年，その分野の専門家やサバイバーは，過去を再体験するやり方が功を奏さず，むしろ解決に失

敗する可能性が高いことを痛感してきました。

　現在では，トラウマ治療が効果的であるためには，どのようなメソッドを採用しても，クライアントは過去を再体験する必要はなく，思い出す必要さえないことがわかっています。しかし，「そのこと」が終わって，自分はここにいられているということを，身体的・感情的な感覚としてはっきり体験する必要はあるのです。私たちは，過去を再体験することなく，過去を認め，その遺産を振り返ることができなければなりません。トラウマの反応が私たちの注意を引き続けている場合でも，私たちはこころの中の別の場所にアクセスする方法と，トラウマを抱えたままの身体的反応を変化させるために身体とこころのリソースを使うことを，学ばなければならないのです。

　ベッセル・ヴァン・デア・コークが説くように，トラウマ治療の目標が「そこにいるのではなく，ここにいること」であるならば，どんな治療アプローチも直接的・間接的に「現在」に重点を置き続けなければなりません。本書は，トラウマインフォームド治療の代替にはなりませんが，今，この瞬間に感じられる安心な感覚につながるための，基礎構築の提供を目的としています。これは単純なことのように思えるかもしれませんが，そうではありません。なぜなら，もうご存じのように，記憶の潜在的あるいは非言語的な側面が，差し迫った危険の感覚を再活性化させ続けるからです。トラウマになるような出来事を思い出したとき，あるいは今，ここで何か小さなことにトリガーされると，私たちの身体は自動的に危険に対して動員され始めます。しかし，私たちは今，脅かされているのではなく，脅威を思い出しているのだということに気づくことができません。そして，前頭前野がシャットダウンして身体がサバイバルモードになると，自分が感じていることを合理的に分析できなくなります。

　　　毎週毎週，アニーは「ひどいわ——すべてがバラバラよ。ストレスが多すぎる。何も変わっていない」と言い続けていました。ある日，私が何が起こっているかを尋ねると，彼女はこう答えました。「静かな午後を過ごせると思っていたのに，名付け親をした子が電話してきて，仕事場まで送ってほしいと言うのよ。……もうすぐ秋なのに，冬支度ができないわ。……この夏はパーティーも料理を振る舞うことも一度もしていないから，もう誰も家に来てくれないかもしれない」。さらに話を聞いてみると，次のようなことがわかりました。車でその子を送ることは自分が利用されているという警戒心を引き起こし，庭のホースの片付け，落ち葉かきの準備，雨どいの掃除などの作業が，すぐにやるべき急務のように感じられました。子どもたちが30代になり家族行事がおざなりになることは，自分はもはや不要で重要でない，という感情を引き起こしました。このような普通の生活のストレスが，自分が搾取されるという予感，災難に見舞われる不安，孤独の痛みなどの，分離されていた感情記憶をトリガーしていたのです。

　過去を解決するには，起こった出来事との関係を変えることが必要であり，そのためには，これまでの章でも取り上げてきた以下のスキルを身につけることが必要です。

・過去からの潜在記憶とトラウマ後の生活の中の日々のストレスの両方を，自分の耐性領域
　内として経験できるようになるまで耐性をつけます。過去も現在も，そしてトラウマに関
　連する感情も**好き**になる必要はありません。ただそれらに**耐えられる**という感覚を持つこ

とは必要です。現在にとどまり，衝動や感情を統制し，考える脳をオンラインにしておける帯域幅にとどまれれば，圧倒的な感情を再体験したり無感覚になったりする必要はないのです。

・たとえ治療が成功した後でも，出来事のイメージやストーリーがあるかどうかに関わらず，トリガーとなる感情や身体的状態を潜在記憶として認識しておくことが重要です。

・トリガーとなる刺激を認識し，トリガーされた状態を過去への反応として正確に分類することを学び（「これは感情記憶（または身体記憶）だ」，「これはトリガーされている状態だ」），何が起きたかについて合理的な範囲を超えて証拠探しをすることを控えましょう。起こったことの詳細をすべて思い出そうとしなくてもよいのです。

・苦痛を感じる感情や症状を，排除すべき問題や欠陥としてではなく，生存戦略として認識しましょう。

　これらを網羅するため私は本書で，読者のあなたが，身体と脳が過去の危険を思い出しているときに，気づくことができるように，工夫をこらしたのです。そして，危険な環境や安心したアタッチメントが持てない親のもとで適応するために何が必要だったかを最終的に理解できれば，トラウマのトリガーやトラウマに関連するようなことが起こっても，現在を十分に生きることができるようになるのです。癒しの物語，つまり起こったことに対して，いかに生き延びたかを証明する物語を持つことができるようになるのです。

　　アニーの家事や庭仕事に対する緊急時のような反応は，時間通りに家事をこなさなければ，自分や兄弟が危険にさらされたという身体の記憶でした。自分が利用されるという予期不安は，幾度も大人たちから性的，身体的，感情的に搾取され利用された子どもの頃の感情記憶でした。そして，彼女が「ノー」と言えないのは，アルコール依存症の母親がストレスを感じてしまう前に，母の人生をどうにかするのを手伝った方が安全だったという学習が反映されているのです。トラウマとなった過去は40年以上も前に終わっていますが，彼女の中ではまだ終わっていないのです。

解決への課題を克服していく

　ベッセル・ヴァン・デア・コーク（2014）は，トラウマ治療のためのシンプルな処方箋を与えてくれています。回復とは，「自分のこころと身体の所有権を再び確立する」プロセスである（p.203）として，その目標に向けた4段階を挙げています。

1. 冷静になり，集中する方法を見つける
2. 過去を思い起こさせるようなこと（トリガー）があっても，平静を保つことを学ぶ
3. 現在を生き，周囲の人々と交流する方法を見つけること
4. 自分がなんとか生き延びてきた術についての秘密も含め，自分自身に秘密を持つ必要がないことを知ること（pp. 203-204）

「冷静になり，集中する方法を見つける」というのは，第3章で述べたように，トラウマを解決するには，耐性領域を広げることが必要だということを別の言い方で表しています。10％の解決策のレパートリーを増やし，トリガーによって神経系，感情，身体が混乱したときにそれらを使うことを学ぶと，現在にいて大丈夫という感覚が徐々に増していきます。現在にいれば，「私はトリガーされた」と何度か気づくだけでも，仕事，遊び，休息，関係性，楽しみに集中できるようになるのです。そして，耐性領域が広がると，ほとんどの人は次第に日常生活や人間関係でトリガーされることが少なくなり，あるいはトリガーされた状態から回復しやすくなっていくのです。

トラウマの後の人生とは，二度とトリガーされないという人生ではありません。それは，トリガーされることが，大惨事や恥の経験ではなく，煩わしいだけであるという人生です。煩わしいとはいっても，「過去を思い起こさせるようなこと（トリガー）があっても平静が保てる」ような忍耐と見通しが必要なだけです。そして耐性領域が増せば，努力の必要は減っていきます。

　　　　アニーは，自分がどれだけ回復してきたかを振り返っていましたが，それでもまだ，自分の人生が満足できず，重苦しく，孤独で，意味のないものであるとしばしば感じていました。私は彼女に，このパターンについて少し興味を持つように頼みました。「このことは，あなたが生きていくうえで，どのように役立ったのかしら？　もし，あなたの身体があなたを守るために，どんな良い感情や誇りの感覚でも遮断することを学んでいたとしたら，どうかしら？」

　　　　彼女はこの質問について考えました。「そういえば，私たちが喜んだときや何かを達成したときには，母はトリガーされたようだったわ。彼女は子どもたちの成功に嫉妬しているように見えたの。そしてもっと虐待されていたかもしれない」。彼女は続けました。「だから，私たちは警戒を解くことができず，リラックスする余裕がなかったの。他にも，いつ何をするかわからない人たちがたくさん私の周りにはいたわ。安心できて穏やかにいられて，愛されていると感じる余裕なんてなかった」。それが彼女の真実でした。「だから，今の私の人生で私に愛を与えてくれる人がいるにもかかわらず，楽しむことができないの……　」と彼女は言いました。「たとえいいことがあっても，いいことをしても，いい気分になれないの。驚きだわ！　だから，私の人生に問題あったんじゃなくって，これは私の身体が私を生かしてくれていた証なのね！」。

もし私たちがいつトリガーされたかを特定できれば，「今ここにある現在に生き，周囲の人々と関わっていく」ことが可能になります（van der Kolk, 2014, p. 204）。トリガーされたサイン——トリガー自体や，身体感覚や，感情——を単なる記憶や感覚として認識し続けることができれば，その影響が長引くことはありません。何よりも，トリガーに反応的になって取り込まれてしまうのではなく，トリガーされているという経験にただ気づくことができるということが，自己受容なのです。「私がトリガーされているのはトラウマを経験したからであって，私が悪い人間だからでも欠点があるからでもない」。トリガーされる経験を正常なものとして受け入れることで，自分自身を正常なものとして受け入れ，自分ができる限りのことをしていることを認識できるのです。トリガーされていることに気づくことが「勇気のしるし」——トラウマからのサバイバーであることを証明するしるし——なのです。

しかし，自己受容は簡単ではありません。おそらく多くのサバイバーにとって最も困難なハー

ドルは，虐待やネグレクトの環境を生き延びるうえで，しばしば必要とされる自己嫌悪や自己疎外を克服することでしょう。自分に起きていることを説明できない小さな子どもは，自分を責め，恥じ，沈黙し，自身を否定しますが，これらはすべて危険を減らすのに役立ちます。自分を責め，恥を感じる子ども（あるいは大人）は，大人の前で口をつぐんでいることに不満を持たず，服従し流されやすく，要求や意見を持たないので扱いやすいのです。しかしこうした幼い時からの巧妙な適応が，回復へのハードルになります。危険が去った後，回復のための作業を行い，傷を癒すためには，自己受容とセルフコンパッションが必要です。このことが，ベッセル・ヴァン・デア・コークの回復のためのレシピの最後の材料として採用されたのだと思います。それは，「自分がなんとか生き延びてきた術についての秘密も含め，自分に対して秘密を持つ必要がないこと」（van der Kolk, 2014, p.204）です。すべての生き物は，どんな手段を使っても生き延びようと本能的に動く，ということを受け入れることで，生存のため，または何らかのコントロールを維持するために行ったどんなことについてでも，自分自身を許すことができるのです。若くて経済的・精神的な支えがないときに，脅威的な状況に対処し，適応し，生き延びるためには極端な手段が必要となることを認めることで，「そうやって私は生き延びてきた，だから今ここにいる」と言えるようになるです。

> ジャスティンは，「言うことを聞かない」と家を追い出されてホームレスの青年になるまで，精神疾患があり薬物乱用の両親による長年の虐待とネグレクトに耐えていました。ストリートでは，生きる糧は売春しかなく，それに耐えるには「ハイ」になる必要がありました。彼は薬物を売買するボーイフレンドによって，すぐにヘロイン中毒になり，生活苦になるとヘロインを売ることさえありました。自らの行為を深く恥じた彼は，断薬に励んで，やがて大学へ進学したあとも，友人や家族にこのことを秘密にしました。心理学を専攻したおかげで，この時期を「生きるための手段」と捉えることが徐々に容易になり，がけっぷちから健康で普通の生活に戻るために「闘った」自分自身に誇りを感じられるようになりました。こうして彼は，癒しの物語を手に入れたのです。「私の生き延び方はきれいなものではなかったが，とにかく私は生き延びた。そして今，私はその襷をつないでいこうと思う！」

「今，この瞬間」に方向づけることを習得する

　かつて命を救ってくれた防御策が，後になって，自分が生き延びたことに感謝することを阻むのは悲劇です。サバイバーの多くは，安らぎや誇りと自信の感覚を求め，恐れや恥ずかしさを感じないことを求めています。しかし，脳と身体は，危険が去ったことを喜ぶよりも，危険を予期することを優先するようにできています。よって安らぎを得られないか，ほんの短い時間しか感じられません。私たちの感覚は，潜在的な脅威に依然として向けられます。私たちの身体は，ほんのかすかなトリガーでも，防御策を起動するのです。トラウマの解決は，そのようなパターンを変えることができるかどうかの個人の能力にかかっています。第2章から第5章では，トラウマに関連する反応を変化させるさまざまな方法について紹介して，実践してきました。絶え間ないトリガーとその破壊的な影響に対処する方法について途方に暮れているのなら，それらの章に

戻ってみてください。

　回復の段階で役立つ最も重要なスキルの1つは、「方向づけ」と呼ばれるものです（Ogden & Fisher, 2015）。方向づけ反射は、私たち全員に馴染み深いもので、誰もが常に行っているにもかかわらず、ほとんど気づくことはありません。私たちは、自分の名前を聞いたり、聞き慣れない音や警戒音を聞いたりすると、振り向きます。店や空港、新しいビルに入るとき、私たちは立ち止まり、どこに行けばいいのか周囲を見回します。親として、私たちは常に子どもたちが安全であることを確認するために、子どもたちの方を向きます。「彼／彼女はどこにいるかしら？」というのは、親としてよくする質問です。ペットに対しても同じことをします。私たちは本能的に、まず潜在的な危険のほうを向きますが、食料品店の青果コーナーや社交の場での親切そうな人など、栄養（精神的なものも含む）になるもののほうにも向かうものです。

　過剰警戒という本能的なトラウマ反応も、この方向づけの一種です。私たちの脳と身体は、脅威や危険を常に探知しているのです。不信感も同様で、ある状況や個人が信頼できないことを示すあらゆる徴候に注意が喚起されます。一方、信頼は、信用を裏づけるための情報に注意を向けることを必要とします。トラウマを解決するためには、これまでとは異なる、より現実的な方向づけを身につけることが必要になります。過剰警戒による方向づけが私たちを脅威に集中させている限り、「過去は終わった、今は安心だ」という感覚を持つことは身体的に不可能なのです。

　　　アニーは自分の家が大嫌いで、恥ずかしいと思っており、セラピー後に家に帰るのが怖いと、よく言っていました。彼女は自分の家のことを掘っ立て小屋みたいと言うものの、彼女と彼女の夫が毎週何時間もかけて家と敷地を手入れしていることを考えると、その表現が正しくないことはわかっていました。私は彼女に、セラピーセッションの後、車で家に帰るところを想像してもらいました。そして、車道に停車して周囲を見回すところで一旦停止してもらいました。「車から降りると何が見える？」と、私は尋ねてみました。
　　　「白い農家とその周りの柵が見えるわ。そして、フェンスを見ると身体がリラックスするわ。安全な感じ」
　　　「そのフェンスに注目してみて、それから他に目がいくものに注目して」
　　　「すべてが新しく塗られているのがわかるわ。裏口のドアは真っ赤だわ。より魅力的にするために赤く塗ったのよ」
　　　「赤いドアを見ると、どう感じるかしら？」
　　　「温かい感じがして、中に入りたくなるわ。」
　　　アニーに部屋ごとに歩くことを想像してもらい、目に映るものに何でもいいから気づいてもらいました。そして、ついに書斎にたどり着きました。その書斎は、彼女にとって深い意味をもっていました。2年前、彼女とご主人は、家の中に彼女が読書や裁縫や休息ができる、邪魔されない場所を作ることを決めました。しかし実際に客間を書斎にする段階でトリガーされたのです。自分にはふさわしくない、どうせ奪われるだろう、客間を自分のだけのものにして他人に迷惑をかけるべきでない、という信念が沸き起こりました。それでもなお、彼女はそれを実行に移しました。
　　　彼女は自分の書斎を見渡し、完全に方向づけると、今ここにいるという強い身体感覚を感じることができました。「この部屋は私の部屋。私の好きな色で、壁には私が作ったキルト、そして窓際には私の机がある」。彼女は畏敬の念と喜びを感じるとともに、この部屋が幼少期に住んで

いた家の部屋といかに違うか，整然としていて，色鮮やかで，なんとも家庭的な雰囲気であるかを認識できたのです。それからの数週間，彼女はトリガーされるたびに，書斎へと方向づける練習をしました。彼女は不安や恥ずかしさ，圧倒されるような感覚を感じても，書斎を見渡すと（あるいは見渡すことをイメージすると），身体が落ち着き，この新しい自分の家では，自分は安心だという意識が芽生えたのです――彼女だけのための部屋をもったとしても，安全であると。

あなたの身体が環境に対して本能的に脅威を感じるとき，何かポジティブなものに方向づけることは非常に困難でしょう。残念なことに，肯定的な方向づけは自動的には起こらないのです。脅威でない刺激やポジティブな刺激に方向づけること，耐性領域を広げること，気持ちの良いことに集中するのを意図的に選択すること，恐れや恥に対処してポジティブな感情につながるには，繰り返しの練習が必要なのです。

生き延びたことに感謝する：自由への 4 つのステップ

アニーは一連の作業を終えて言いました。「今の自分になれてよかった……。トラウマのことは何も喜べないし，あんなことが起こらなければよかったと思うわ。でもトラウマがなかったら今の自分はなかったんじゃないかしら」。

トラウマ後の人生には，自分が生き残ったことへの誇りや尊厳，あるいは畏敬の念が含まれていなくてはなりません。たとえ，生き延びた過程が美しくなかったとしても，私たちの生存に貢献したパーツたちには感謝しなければなりません。暗い時間を過ごしてきたけれども，今は暗闇から抜け出したという感覚は回復にとって重要です。私たちが生き延びたことを実感せずしてトラウマの物語に結末はないのです。しかし，トラウマ後の反応は，初期の人類が生き延びる確率を高めるために発達したものなので，私たちが生き延びたことを知るのには努力が必要なのです！

クラウディア・ブラックの「自由への 4 つのステップ」（1999, p. 47）は，サバイバーが過去から解放されるためのシンプルなステップを提供しています。私は，これらのステップを，過去を思い出すことがトリガーになる可能性のあるトラウマサバイバー向けに少し改変しました。

・ステップ 1．自分が経験している苦痛はトリガーされた状態であり，それは幼少期の過去に関係するものであると仮定する。［これはトラウマからの回復に不可欠な仮定です］。
・ステップ 2．その苦痛からトラウマ的過去の根っこを見つけ，幼少期の歴史をそこから早送りして，その感情や身体感覚が今身体のどこにあるかに気づいてみます［「早送り」とは，20 〜 30 秒より多くそこに留まらないという意味です。それ以上，過去に焦点を当てたり考えたりすると，トラウマ反応をまた活性化させる危険があります］。
・ステップ 3．その経験の結果として生じた，古い信念を特定します。［自分自身に問いかけてください。「そのような状況では，人は自己についてどんな信念を持つだろうか？」。あるいは，あなたが日々最も困っている否定的な信念について，それがあなた個人ではな

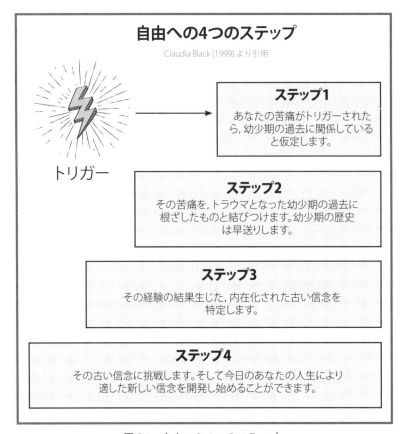

図8.1　自由への4つのステップ

くて過去に起因しているものだと特定してみましょう]。

・ステップ4．その古い信念に挑戦する方法を見つけましょう。そして今日のあなたにもっと合った新しい信念を開発し始めましょう。[あなたはその信念に「古い」というラベルを貼った時点で，すでにその信念に挑戦しているのです。これが最初のサブステップです。次のサブステップは，「私は生き延びるためにこれを信じなければならなかった」とか，「この信念が私をもっと＿＿＿＿＿＿＿＿にしてくれたから生き延びるのに役立った」というような，新しく，可能性のある信念を作り出すものです]。新しい肯定的な信念を思いつく必要はありませんし，それを信じるように自分を鼓舞する必要はありません。必要なのは古い信念に挑戦することです。

　新しい反応や新しい信念を繰り返し練習しなければ，生き残るのに役立ったのと同じ反応が何度も何度も引き起こされ続けることになります。脳と身体は，脅威の中で生き残るために必要な反応を手放したがりません。この現象に対抗するには，新しい反応が次第に自動化されるまで練習し続けるしかないのです。「トラウマを解決するために必要なのは話をすることだけだ」という信念を，クライアントもセラピストも長い間持ち続けたのも不思議ではありません！　過去の秘密を共有するだけで，トラウマの重荷が取り除かれるなら，どんなに楽なことでしょう！

> 「ワークシート24：自由への4つのステップ」を，自分がトリガーされたこと
> に気づいたらいつでも使ってください。

　「自由への4つのステップ」を実践することは，力を与えてくれます。本書のワークシートを何枚かコピーして，何度も繰り返し使えるようにすることをお勧めします――それはあなたがトリガーされたときいつでも4ステップを繰り返すことを含みます。ワークシートを使って練習しているうちに，自分がトリガーされたことを認識し，過去とのつながりを想起し，過去からの意識的あるいは無意識的な信念を固持していると仮定できるようになるでしょう。このような古い信念がいかに自分の人生を不自由にしているかに気づくと，それに挑戦することはますます簡単になります。

　古い信念に挑戦するのが難しいと感じるときこそ，好奇心を持ってください。「でも，これが事実なんだ！」と過去の自分が言ったら，この自動的な反応はかつてあなたが生き延びるのに重要な役割を果たしてきたということです。ですからあなたのこころは簡単には手放そうとしないのだと理解してみてください。

トラウマ治療の段階

　ジュディス・ハーマンは，段階的トラウマ治療と呼ばれるものを最も声高に提唱してきました。つまり，圧倒的で，恐ろしく，うんざりする記憶に向き合うことは，まずクライアントが安心と安定を確立しなければできない，ということでした。ある程度幅広くレジリエンスのある耐性領域があってでさえ，しっかりした基盤なしにトラウマ的記憶に飛び込むのは危険なことが多いのです。実際，圧倒的な体験に対処するための感情的・身体的リソースを持たずに危険に直面した幼少期を，繰り返すことになりかねません。

　以前から「トラウマに直面するためには安定していなければならない」と信じられてきましたが，現在では安全と安定を優先させるということは別の意味もあります。それは，「トラウマが終わったと感じるためには，（現在の生活において）今，ここにいて，安全でなければならない」ということです。虐待的関係にいたり，自傷していたり，死のうとしたり，薬物を用いてのセックスにはまっていたりすると，終わったと感じることはできません。あなたのことを傷つけた人の世話をまだしていたり，経済的にその人に依存している場合，終わったとは言えません。

　以下は，ジュディス・ハーマン（1992）から引用したトラウマ治療の段階であり，図8.2に要約版を示しています。

第1段階：安全と安定化：調整不全の克服

最初の段階ではサバイバーは，その症状を認識し，圧倒的な身体感覚，侵入的感情，歪んだ認

トラウマ治療の段階
Judith Herman (1992) より引用

第1段階：安全と安定化：調整不全の克服
課題
- 身体的安全の確立
- 安全な環境の確立
- 情緒的安定の確立

目標：今ここでの安全と安定のある生活を作る

第2段階：トラウマ的記憶の処理
課題：
- トラウマとなった出来事や身体的・感情的な記憶に対する恐怖を克服し，それらを統合できるようにする
- EMDR，催眠療法，身体志向のセラピーを活用し，非言語的記憶に働きかけ変容させる

目標：トラウマとなった過去に取り組む

第3段階：統合と移行
課題：
- 羞恥心と自己疎外を減らす
- 健全なアタッチメントのための能力の拡大
- トラウマ後の意味づけを反映した個人的・職業的目標の達成

目標：日常生活における健全な挑戦や変化，親密さへの恐れを克服する

図 8.2　段階的志向のトラウマ治療

知スキーマの意味を理解するために，トラウマの影響についての知識を教わる必要があります。安全と安定性を達成するには，以下の作業を要します。

- 身体的安全の確立（例：自傷行為の禁止，断酒・断薬）。
- 安全な環境の確立（例：安全な生活環境，虐待的でない人間関係，仕事や定期的な収入，適切な支援）。
- 情緒的安定の確立（例：身体的反応を落ち着かせ，衝動を調整し，自分をなだめ，日常の出来事によってトリガーされるトラウマ後の反応を統制する能力）。

　この段階の目標は，今，ここで安全で安定した生活を作り，個人がトラウマとなった過去を再体験するのではなく，安全に取り組むことができるようにすることです。

第 2 段階：トラウマの記憶に取り組む

　この段階では，サバイバーは，トラウマとなった出来事や身体的・感情的な記憶に対する恐怖を克服するための作業をします。それらを統合して，トラウマから生き延びた自分という存在を理解できるようにします。非言語的記憶を変容に導くために，EMDR (Shapiro, 2001)，センサリーモーター心理療法 (Ogden & Fisher, 2015) やソマティック・エクスペリエンシング™療法 (Levine, 2015) などの身体志向の療法，あるいは内的家族システム療法 (Schwartz, 2001) などを用いてもよいでしょう。個人が回避に陥ったり，記憶やフラッシュバックに圧倒されることがないように注意しながら進みます。思い出すこと自体が回復ではありません。目標はあくまでトラウマとなった過去と折り合いをつけることで，その詳細を思い出すことではありません。

第 3 段階：統合と移行

　サバイバーはこの段階に至って，恥と自己疎外を減らし，健全なアタッチメントのキャパシティ拡大を促進し，トラウマ後の意味づけを反映した個人的・職業的な目標に取り組み始めていきます。日常生活や健全な挑戦と変化，親密さへの恐れを克服することが焦点となります。サバイバーの人生が，健康な現在と癒された自己を中心に再統合されるにつれて，トラウマは，遠ざかったかのように，自己の統合的理解の一部となったように感じられます。もはや日々の焦点ではないように感じられるでしょう。

> 「ワークシート 25：あなたはどの回復段階にいるか？」を使って，自分が回復のどの段階にいるのか考えてみましょう。

　非常に重要な警告をさせてください。たとえ回復のどの段階にいようと，決して自分自身を批判しないことが重要です！　回復の歩みが遅い理由はたくさんあります。しかし，どれもがあなたに関するものではありません。メンタルヘルスの世界でも医療の世界でも，トラウマの専門家は国際的に非常に不足しています。もしかしたら，専門的なトラウマの訓練を受けた臨床家のもとで治療を受けていないだけかもしれません。そのセラピストは，昔の「あなたの話をしてください，そうすれば終わるでしょう」モデルを使っているのかもしれません。あなたは，生きるために断片化したり解離したりする必要があったのかもしれません。この巧妙な生存方法を解除するには時間がかかります。もしかしたら，思い出すことや感情にもう一度触れるのを危惧して，治療を怖れているのかもしれません。あるいは，何もなかったと信じたかったのかもしれません。

　これらはすべて，回復のプロセスを遅らせる正常な問題ですが，回復を妨げるものではありません。たとえ，自分に起こったことを認める準備ができていなくても，どうかあきらめないでください。ベッセル・ヴァン・デア・コークやパット・オグデン，あるいは本書で私の紹介した療法を採用し，精通しているセラピストを探していることをあらかじめ伝えてみましょう。起こっ

たことに取り組むのを想像することさえ難しいということを，率直に相談してみてください。

　トラウマからの回復は，複雑でとても時間がかかるものです。その症状は生存のための反応であることを自分に言い聞かせてください！　自殺を試みることでさえ，自分の感情や未来をどうにか管理しようとする試みなのです。ほとんどの場合，起こっている暴力を止めたい，苦しみを終わらせたいという記憶なのです。自傷行為や薬物乱用は，あなたの欠陥の証拠ではありません。どちらも即効性のある安心感をもたらし，長期的には有害であるにもかかわらず，圧倒的な感情を管理するための唯一の方法であったかもしれないのです。たとえ，これらの生き延びる方法が，恥や絶望につながったとしても，あなたの生存のための工夫をどうか認めてあげてください。

　自分を批判したり，どの段階にいるのかをあまり心配しないようにしましょう。安全な環境の確立であれ，トリガーを過去のトラウマからのものとして認知し体験することであれ，次へと進んでいることを信じてください。私たちは皆，癒しへの道を一歩ずつ歩んでいきますが，ほとんどの人は，自分自身のトラウマの遺産が解決され自身を許せるようになるまで，癒されたことを認識できない場合が多いのです。

癒しと許し

　癒しや癒されたという実感は，自分自身を受け入れ，許した瞬間に起こり始めます——私たち自身が思いやりの溢れる大人の眼差しを向け，かつてのあの小さな子どもを見た瞬間にです。その少年や少女は，自分には落ち度や欠陥があって価値がないのだということの証拠が，恥の感情だと思い込んでいました。子どもは，恥が窮地に陥ったときに服従する能力となり私たちを助ける生存のための反応であることを理解するには，幼すぎます。子どもは，屋根と食べるものをかろうじて与える大人を責めるより，自分を責める方が安全だったということを知りません。もし反撃していたら，暴力はさらにひどくなるばかりだったということも知りません。トラウマの影響を変容させようと努力しているにもかかわらず，絶望，恥，怒りがあなたのこころと身体を支配し続けているときは，どうか不思議に思ってください。「なぜ幼い自分は，自分のせいではないと信じることを恐れるのだろう？」，「なぜ幼い少年・少女は，希望を持つことを恐れるのだろう？」と自問してみましょう。

> 「ワークシート26：幼い自分を歓迎する」を使って，幼い自分を知るプロセスを始めましょう。これは子どもの脆弱さを無視したり，コントロールしたり，拒絶しようとするのではなく，歓迎できるようになるための第一歩です。

　自分がどれだけ若く幼かったか，どれだけ幻想にみちた思考をしていたか，どれだけ巧妙に生き抜いてきたかがようやくわかると，かつてのその子が，大人の自分にこころを開くことが容易になります。

　そして，その幼い内なる子どもに温もりや誇り，思いやりを感じるとき，何か重要な変化が起こります。私たちは，成長した自分を現在に体験すると同時に，過去の感情的・身体的遺産を背

負っている傷ついた子どもとつながることができるのです。その瞬間，過去と現在がつながり，私たちの思いやりによる温かさが，その子の恐怖，傷，孤独を少しずつ癒していくのです——朝目覚めて，自分はようやく癒された，あるいは正常だと感じる日まで。自分は悪くないと知ることを恐れ，自分が知性を備えて創造性に溢れていると信じることを恐れ，もう大丈夫だと感じることを恐れている子どものパーツたちに，辛抱強く接しましょう。あなたの内なる子どもたちがリラックスしたり，柔らかくなったり，少し背筋を伸ばして立ち上がるのを感じるまで，どんな弱々しい存在に提供するのと同じ思いやりを，与え続けてください。自分の中の幼い子どもが，あなたから提供される受容，歓迎，優しさを感じ始めたとき，ついにあなたのトラウマ的な過去の遺産が癒されるのです。

ワークシート **24**
自由への 4 つのステップ

✓ **あなたが経験している苦痛は，子ども時代の過去が関連してトリガーとなっていると仮定してください。**

その苦痛（涙，傷，怒り，恥，絶望）について述べ，さらにそれがトリガーされたもので過去と関連したものであると仮定したときに，何が起こるか述べてください。

_____

_____

_____

✓ **その苦痛をトラウマ的な過去のルーツとつなげてみます。20 〜 30 秒くらいで，子ども時代の歴史を早送りにして見てみましょう。その感情や身体感覚が，今，どこにあるかに気づいてみましょう。**

その苦痛について 1，2 文でよいので記述してください。確信が持てなくても構いません。ただ，どのようなものか気づいてみましょう。

_____

_____

_____

✓ **その経験の結果として生じた，内在化された古い信念を特定します。**

あなたがどのように扱われたかに起因する，あなた自身についての信念を記述してください。

_____

_____

_____

✓ **その古い信念を論破する方法を見つけてください。そうすれば，今のあなたの生活により合った新しい信念を育てることができるようになります。**

その信念を古いものとラベルづけするとなにが起こるか記してみましょう。あなたは今，何を信じたいですか？ そのような状況にある子どもには，何を信じてほしいと思いますか？

_____

_____

_____

ワークシート **25**
あなたはどの回復段階にいるか?

第1段階：安全と安定性

　自分に問いかけてみてください。**身体の安全**は確保できているか？（例：「私は断酒し,もう身体を傷つけず,医療にもかかっている」vs.「私はまだ自傷し,薬物をやり,自分の身体を虐待している」)

_____

_____

　私は**安全な環境**を整えているか？（例：安全な生活環境,虐待的でない人間関係,自分の世話をするのに十分な収入がある)

_____

_____

　私は**情緒的安定**を確立したか？（例：身体を落ち着かせる能力,衝動を抑える能力,自分をなだめる能力,トリガーに対処する能力)

_____

_____

　私は**今ここで,安全で安定した生活をしているか**？

_____

_____

第2段階：トラウマ的記憶に取り組む

　自問自答してみましょう。私は「トラウマ」という言葉を避けようとしていないか？私は過去を認めることができているか？　それとも,いつも過去にばかり目を向けているか？　自分はいつトリガーされたかを認識できるか？　それとも,自分がトリガーされたことに気づかずに,ただ過去に巻き込まれていないか？　自分が最も頻繁にトリガーされるものは何だろう？　自分はどうやって生き延びてきたかを知り,それをきちんと受け止めているか？

_____

第3段階：統合と移行

　自問自答してみましょう。トラウマはもう終わったものに感じられるか？　トラウマにトリガーされることは少なくなったか,あるいはトリガーに気づくのが早くなったか？他者との関係はどう変わったか？　自分自身との関係はどう変わったか？　自分のせいだとまだ思っているか？　それとも,もっと見通しがきくようになったか？　自分が生き延びた結果として,自分にはどんな良い資質や技能があるのだろうか？　トラウマによって,私の人生における目標は変わったか？

_____

_____

ワークシート **26**
幼い自分を歓迎する

　このワークシートを使って，さまざまな年齢や発達段階でのあなたをより鮮明にイメージしてください。特定の出来事と結びつける必要はなく，ある年代の環境といった感じで関連させてみましょう。

より幼い 自己	より幼い自分に出会ったとき，その子への自分の気持ちに気づいてください。
この子は何歳か？	
この子の顔やボディーランゲージは何を伝えているか？	批判や否定的な反応に気づいたら，その敵意は別のパーツから来ていると仮定してください。そして今度はそのパーツについて，何か気づくことはありますか？
この子はまだ何を考え，何を感じているのか？	
	この，より幼い子どもを，あなたが子どもにするように迎え入れたらどうなるでしょうか？

もっとも幼い 自己	もっとも幼い自分を想像し歓迎すると，何が起こりますか？
この子は何歳か？	
この子の顔やボディーランゲージは何を伝えているか？	さきほどのパーツも含めて歓迎すると，何が起こりますか？
この子はまだ何を考え，何を感じているのか？	

参考文献

Black, C. (1999). *Changing course: Healing from loss, abandonment, and fear.* Bainbridge Island, WA: MAC Publishing.

Fisher, J. (2017). *Healing the fragmented selves of trauma survivors: Overcoming internal self-alienation.* New York:Routledge.（浅井咲子訳：トラウマによる解離からの回復――断片化された「わたしたち」を癒す．国書刊行会，2020.）

Hanson, R. (2013). *Hardwiring happiness: The new brain science of contentment, calm, and confidence.* New York: Harmony Books.

Herman, J. (1992). *Trauma and recovery.* New York: W.W. Norton.（中井久夫訳：心的外傷と回復〈増補版〉．みすず書房，1999.）

LeDoux, J. E. (2002). *The synaptic self: How our brains become who we are.* New York: Viking Press.

Levine, P. (2015). *Trauma and memory: Brain and body in search of the living past.* Berkeley, CA: North Atlantic Books.（花岡ちぐさ訳：トラウマと記憶――脳・身体に刻まれた過去からの回復．春秋社．2017.）

Ogden, P., & Fisher, J. (2015). *Sensorimotor psychotherapy: Interventions for trauma and attachment.* New York: W. W. Norton.

Ogden, P., Minton, K., & Pain, C. (2006). *Trauma and the body: A sensorimotor approach to psychotherapy.* New York: W.W. Norton.（太田茂行訳：トラウマと身体――センサリーモーター・サイコセラピー（SP）の理論と実際．星和書店，2012.）

Perry, B. D., Pollard, R. A., Blakely, T. L., Baker, W. L., & Vigilante, D. (1995). Childhood trauma, the neurobiology of adaptation, and "use-dependent" development of the brain: How "states" become "traits." *Infant Mental Health Journal, 16*(4), 271–291.

Schwartz, R., & Sweezy, M. (2020). *Internal family systems therapy* (2nd ed.). New York: Guilford Press.

Schwartz, R. (2001). *Introduction to the internal family systems model.* Oak Park, IL: Trailhead Publications.

Shapiro, F. (2001). *Eye movement desensitization and reprocessing: Basic principles, protocols, and procedures* (2nd ed.). New York: Guilford Press.（市井雅哉訳：EMDR――外傷記憶を処理する心理療法．二瓶社，2004.）

Siegel, D. J. (1999). *The developing mind: Toward a neurobiology of interpersonal experience.* New York: Guilford Press.

van der Hart, O., Nijenhuis, E. R. S., & Steele, K. (2006). *The haunted self: Structural dissociation and the treatment of chronic traumatization.* New York: W.W. Norton.（野間俊一・岡野憲一郎監訳：構造的解離――慢性外傷の理解と治療 上巻』，星和書店，2011.）

van der Kolk, B. A., & Fisler, R. (1995). Dissociation and the fragmentary nature of traumatic memories: Overview and exploratory study. *Journal of Traumatic, 8*(4), 505–525.

van der Kolk, B. A. (2014). *The body keeps the score: Brain, mind, and body in the treatment of trauma.* New York: Viking Press.（柴田裕之訳：身体はトラウマを記録する――脳・心・体のつながりと回復のための手法．紀伊國屋書店，2016.）

訳者あとがき

　ジェニーナ・フィッシャー博士の「パーツアプローチ」と「神経生物学」を取り入れている解離のモダリティ，「神経生物学による構造的解離モデル」にはじめて触れたのは，2016年，アムステルダムでの解離の国際学会でのことでした。センサリーモーター心理療法や解離の分野で国際的に著名なフィッシャー先生の講座や講演は，聴衆が総立ちになって拍手するくらい素晴らしいとは話に聞いてはいたものの，実際に触れてみて訳者は，そのお人柄や知識の豊富さ，臨床家としての姿勢に感銘を受けたのでした。

　自律神経系の調整力を育み，神経系に獲得したレジリエンス（柔軟性，回復力）を利用し，パーツワークをしていくことで複雑な解離に適用できる先生の療法は，トラウマケアの道標をより明確に示してくれるものでした。再トラウマ化が起こりやすいトラウマセラピーにおいて，サバイバーとセラピストが，いきづまりの原因や理由さえも共有でき，お互い興味を持てる状態を保て，癒しへと舵取りができるというのは画期的なことです。

　いわゆる一人の「追っかけ」として，2017年のノルウェー南部の港町クリスチャンサンドでの「解離・精神病・トラウマ学会」，同年アイルランドのダブリンでの「トラウマによる解離からの回復」のワークショップに参加し，さらにその翌年にはベルファストでのトラウマサミットでの講演を拝聴しました。先生が実際にフリップチャートとしてセッションで使用している図を収録している『Psychological Aids for Working with Psychological Trauma. 10th ed. (2011)』に出会ったのも，その頃でした（現在は『The Living Legacy of Trauma Flip Chart (2022)』としてカラーでさらに見やすくなっています）。臨床家であり一人のトラウマサバイバーである私は，いつかこれが図解入りの一冊の本にならないかと待ち望んでいたところに，このワークブックが世に出たのです。たとえサバイバーがセラピーを受けていなくても，悩まされ続けてきた「トラウマの遺産」の知識を得て，安全な対処法を習得できるとすれば，どんなに心強いことでしょう。

　本書の原文タイトルは『Transforming the Living Legacy of Trauma: A Workbook for Survivors and Therapists』です。当初文中に何度も出てくる「Living Legacy of Trauma」という言葉の訳出をどうするか少し悩みました。文中のフィッシャー先生の言及にもあるように，どうしても「遺産」というとアンティークや財産などを想起させる感があります。しかし，徐々に過去からの「負の遺産」が変容していくことが，個人の成長だけでなく，トラウマの世代間伝播を防ぎ，社会も健全になる方向へと向かわせてくれるということを伝えたくなり，邦訳ではそのまま「トラウマの生ける遺産」としました。負の遺産が人間としての尊厳の回復へと変容するのです。

　ただし「トラウマの生ける遺産」は，はじめは決してうれしいものではありません。トラウマとは，今は不必要な防衛なのです。過去にはそれが，個人を虐待的な環境やネグレクトから救い，必ずしも安全ではない養育環境のなかで葛藤や矛盾に耐えながら生き延びさせてくれたものです。恥や罪悪感は，どんなに環境や養育者が間違っていても反旗を翻したりせず，「私／僕が悪いのだから……」と自分を小さく見せることで助けてきてくれました。また，危険な人物や加害傾向のある人にいつも接近してしまう，いわゆる「加害者に対する魅了」は，愛着対象と危険人物が同一のときの潜在記憶として，関係性のパターンとなったものです。こうした，トラウマ的環境下ではサバイバルを助けてきた適応策が，「今，ここ」にあって比較的安全なトラウマ後の人生を歩む際には，生きづらさの原因になるわけです。

　トラウマが癒されていく過程では，防衛適応策から少しずつ抜け出し，そしてその防衛すら愛おしむことができるという道を歩んでいくことになります。耐性領域にいながら，トラウマ関連のパーツたちを受け容れていくには反復練習が必要です。トリガーを認識し，10％の解決策を重ね（ワークシート15），自分の反応の強烈さと頻度が和らいでいくのを実感することで，自分へ共感，愛，慈悲に至るのです。

　ですからもうみなさんおわかりのように，発達性トラウマによるトラウマの過去の遺産が変容するのは，魔法のような1回のセッションによってではありません。単回性の事件や事故の場合は比較的短い時間での解決が可能かもしれませんが，発達性のトラウマの場合，ガイドをもとにした日々の積み重ねが変容のために必要なのです。そしてそのガイドこそが，このワークブックなのです。生き残った自分への称賛と共感が湧いてくる瞬間が点在しはじめ，定着していくときが来ます。トリガーされ反応的になっても，そんな自分を俯瞰でき，不穏な時間が徐々に減っていき，自分とつながることが大丈夫になります。防衛は適切なときに使い，あとは気楽に，快適に過ごせばよいのだということが，徐々に実感へと変わっていきます。

　最後に，岩崎学術出版社で編集を担当してくださった鈴木大輔氏に心より感謝を申し上げます。このワークブックの有用性を認めてくださり，原文に忠実に，そして早く出版に漕ぎ着けるようご尽力をいただきました。私のライフワークである「トラウマの知識の啓蒙と癒し」ということを一緒に推し進めていらっしゃる同僚の方たち，先達の先生方，サバイバーの方々，これまでさまざまな形で関わってくださった方々には，言葉では言い尽くせない尊敬と一体感を感じております。本書を手に取ったサバイバーの方々，あなたは決して一人ではありません。もしこれまでのトラウマセラピーがうまくいかなくても，あきらめないでください。本書の中で一つでも，少しでも反応が落ち着くようなものがあったら，癒しへの道をあなたは進んでいるのです。

2022年9月吉日

浅井 咲子

索　引

訳者略歴

浅井 咲子（あさい・さきこ）

公認心理師，神経自我統合アプローチ（NEIA）開発者。

外務省在外公館派遣員として在英日本国大使館に勤務後，米国ジョン・F・ケネディ大学大学院カウンセリング心理学修士課程修了。現在，セラピールーム「アート・オブ・セラピー」代表。トラウマによる後遺症を一人でも多くの人に解消してもらうべく多数の講演・講座を行っている。著書に『今ここ神経系エクササイズ』（梨の木舎，2017 年），『いごこち神経系アプローチ』（梨の木舎，2021 年），『安心のタネの育て方』（大和出版，2021 年）他がある。また，翻訳書に P. ラヴィーン／M. クライン著『[新訳版] 子どものトラウマ・セラピー』（国書刊行会，2022 年），K. ケイン／S. テレール著『レジリエンスを育む』（共訳，岩崎学術出版社，2019 年），J. フィッシャー著『トラウマによる解離からの回復』（国書刊行会，2020 年），『内的家族システム療法スキルトレーニングマニュアル』（共訳，岩崎学術出版社，2021 年）がある。

サバイバーとセラピストのためのトラウマ変容ワークブック
——トラウマの生ける遺産を変容させる——

ISBN 978-4-7533-1213-9

訳者　浅井 咲子

2022 年 10 月 31 日　初版第 1 刷発行
2024 年 3 月 11 日　初版第 2 刷発行

印刷・製本　㈱太平印刷社

発行　㈱岩崎学術出版社　〒 101-0062 東京都千代田区神田駿河台 3-6-1
発行者　杉田 啓三
電話 03（5577）6817　FAX 03（5577）6837
©2022　岩崎学術出版社

内的家族システム療法スキルトレーニングマニュアル
──不安，抑うつ，PTSD，薬物乱用へのトラウマ・インフォームド・ケア
F.G. アンダーソン他著／浅井咲子，花丘ちぐさ，山田岳訳
IFS の理論と実践を分かりやすく結びつけたワークブック

レジリエンスを育む
──ポリヴェーガル理論による発達性トラウマの治癒
キャシー・L・ケイン他著／花丘ちぐさ，浅井咲子訳
トラウマを癒す神経系のレジリエンスと調整

子どものトラウマと攻撃性に向き合う
──ポリヴェーガル理論に基づくプレイセラピー
L. ディオン著／三ケ田智弘監訳
攻撃性とトラウマをやわらげるためのポリヴェーガル理論の活用

ソマティック IFS セラピー
──実践における気づき・呼吸・共鳴・ムーブメント・タッチ
S. マコーネル著／花丘ちぐさ監訳
身体を使ったソマティックな原理と IFS の枠組みの融合

自我状態療法実践ガイド
G. エマーソン著／福井義一監訳
潜在意識にアクセスし自我状態間のコミュニケーションを促進する

実践 子どもと思春期のトラウマ治療
──レジリエンスを育てるアタッチメント・調整・能力（ARC）の枠組み
M.E. ブラウシュタイン他著／伊東ゆたか監訳
トラウマを体験した子どもへの介入の手引き

レジリエンス
──人生の危機を乗り越えるための科学と 10 の処方箋
スティーブン・M・サウスウィック他著／森下愛訳
トラウマサバイバーの語りを裏打ちする生物学的研究成果を紹介

◎価格は小社ホームページ（http://www.iwasaki-ap.co.jp/）でご確認ください。